Deutschbuch

Trainingsheft für Klassenarbeiten und die zentrale Prüfung ab 2010

10

Real- und Gesamtschule Nordrhein-Westfalen

Herausgegeben von
Bernd Schurf und Andrea Wagener

Erarbeitet von
Günther Biermann, Friedrich Dick,
Josi Ferrante-Heidl, Marlene Koppers,
Markus Langner, Andrea Mevissen,
Deborah Mohr, Norbert Pabelick,
Marco Schlegel, Bianca Weber,
Carolin Wemhoff und Sonja Wessel

Cornelsen

Inhaltsverzeichnis

*Mit dem beigefügten **Lösungsheft** kannst du deine Antworten selbst überprüfen.*

Wie du mit diesem Trainingsheft arbeiten kannst

Liebe Schülerin, lieber Schüler,

mit diesem Trainer kannst du dich gezielt auf die **vier Klassenarbeiten** und die **zentrale Abschlussprüfung** am Ende der 10. Klasse vorbereiten. Alle Kapitel folgen demselben Aufbau:

A Die Aufgabe verstehen

B Erstes Textverständnis – Ideen entwickeln – Stoff sammeln

C Übungen

D Den Schreibplan erstellen

E Den eigenen Text überarbeiten

Klassenarbeiten

Diese Übersicht hilft dir herauszufinden, um welchen Aufgabentyp es in der nächsten Klassenarbeit gehen wird.

Aufgabentyp		Erläuterungen und Beispiele	Kapitel
2	Einen informativen Text verfassen:	Du sollst einen informativen Text (z. B. Bericht für eine Schülerzeitung, Flyer ...) verfassen und dein Vorgehen sowie die eingesetzten Mittel (z. B. Sprache, Layout) begründen.	S. 5–10 S. 11–18
3	Eine Argumentation zu einem Sachverhalt erstellen:	Du sollst zu einem bestimmten Sachverhalt argumentativ Stellung nehmen (z. B. Analyse, Zeitungskommentar, Leserbrief).	S. 19–22 S. 23–30
4a	Einen Sachtext/medialen Text analysieren, einen literarischen Text analysieren und interpretieren:	Hier sollst du alle Aspekte eines Sachtextes (z. B. Rede, Zeitungsartikel etc.) genau untersuchen; bei einem literarischen Text (Romanauszug, Kurzgeschichte, Gedicht etc.) sollst du die Untersuchungsergebnisse außerdem deuten.	S. 49–54 S. 55–58 S. 59–64 S. 65–72
4b	Mehreren verschiedenen Texten Informationen entnehmen, die Informationen vergleichen, deuten und bewerten:	Durch Fragen geleitet, sollst du Texte auswerten. Bei diesen Texten kann es sich handeln um Sachtexte (z. B. Lexikonartikel, Zeitungsberichte etc.) oder um Diagramme und Tabellen, die zu einer bestimmten Thematik zusammengestellt wurden.	S. 73–78
5	Einen Text unter vorgegebenen Aspekten sprachlich analysieren und überarbeiten und vorgenommene Textänderungen begründen:	Du bekommst einen fehlerhaften Text (z. B. einen misslungenen Bericht, ein verbesserungswürdiges Bewerbungsschreiben etc.), den du nach vorgegebenen Aspekten (z. B. Aufbau, Wortwahl, Stil, Rechtschreibung) überarbeiten sollst. Zudem musst du deine Überarbeitungsschwerpunkte begründen.	S. 43–48
6	Produktionsorientiert zu Texten schreiben (mit Reflexionsaufgabe):	Hier sollst du passend zu einem vorgegebenen Text einen weiteren Text produzieren (z. B. Fortsetzung schreiben, Perspektive wechseln usw.). Anschließend musst du z. B. Inhalt, Aufbau, Stil in deinem Text begründen.	S. 31–36 S. 37–42

Zentrale Prüfung

Die **zentrale Prüfung,** die du gegen Ende des Schuljahres schreiben wirst, beinhaltet **zwei Teile:**
Teil 1: Überprüfung der Lesekompetenz (20 % deiner Prüfungsleistung): Hier wird dein Leseverständnis anhand eines längeren Textes mit Hilfe von Fragen und z. B. Multiple-Choice-Aufgaben überprüft. Für diesen Teil hast du 30 Minuten Zeit.
TIPP: Auf Teil 1 der Zentralen Prüfung bereitet dich das letzte Kapitel des Trainers vor, vgl. Seite 79–87.

Teil 2: Verfassen einer Schreibaufgabe (80 % deiner Prüfungsleistung), wie du sie hier im Trainer findest: Im 2. Teil hast du die **Wahl zwischen zwei Aufgaben.** 10 Minuten Zeit sind vorgesehen, um sich einen Überblick über Aufgaben und Texte zu verschaffen und ein Thema auszuwählen. Für die Bearbeitung hast du 120 Minuten.
TIPP: 30 % der Punkte für den 2. Teil macht die Darstellungsleistung aus. Nimm dir daher ausreichend Zeit für den Aufbau und die formale Gestaltung (u. a. Satzbau, Stil, Rechtschreibung, Zitierweise). Trainiere den Darstellungsbereich gezielt mit Hilfe des Klassenarbeitstrainers; du findest in allen Kapiteln Übungen dazu.

Bewertung

Für deine (richtigen) Lösungen bekommst du Punkte, die nach einem Punkteraster vergeben werden.

Die Gesamtbewertung berechnet sich wie folgt:	
sehr gut	= 87–100 %
gut	= 73– 86 %
befriedigend	= 59– 72 %
ausreichend	= 45– 58 %
mangelhaft	= 18– 44 %
ungenügend	= 0– 17 %

HINWEIS

Deine Zeugnisnote errechnet sich zu 50 % aus Leistungen im 1. und 2. Schulhalbjahr und zu 50 % aus den Ergebnissen der zentralen Prüfung. Bei einer Abweichung von zwei Notenstufen kannst du eine mündliche Prüfung machen, bei einer Abweichung von drei Notenstufen musst du sie machen!

Die folgende Übersicht erläutert die wichtigsten Anforderungen (**Operatoren**), die mit den verschiedenen Aufgabentypen verbunden sind.

Operator	Literarischer Text	Sachtext
Textsorte	**Gedichte, Kurzgeschichten, Romanauszüge etc.** **Du sollst ...**	**Reden, Zeitungsartikel, Diagramme etc.** **Du sollst ...**
analysieren und interpretieren	◻ die Struktur/den Aufbau des Textes **beschreiben** und die zentralen Inhalte/den Kerngedanken **erfassen** und **wiedergeben.** ◻ Deutungsvorstellungen **entwickeln,** formulieren und in größere Zusammenhänge **einordnen** können. ◻ den Text auf gattungsspezifische Merkmale hin **untersuchen** und die Wirkungsweise der Gestaltungsmittel **darstellen.** ◻ Textaussagen **bewerten** und mit Hilfe von geeigneten Zitaten **begründen.**	◻ die Struktur/den Aufbau des Textes/den Argumentationsgang **beschreiben** und die zentralen Gedanken **erfassen** und **wiedergeben.** ◻ Informationen aus den Texten **zusammenfassen** und **vergleichen** und **bewerten.** ◻ formale Gestaltungsmittel **untersuchen** und ihre Wirkungsweise an Beispielen **darstellen.** ◻ Textaussagen **bewerten** und mit Hilfe von geeigneten Zitaten **begründen.**
erörtern	◻ den Argumentationsgang einer Vorlage **zusammenfassen.** ◻ Argumente/Beispiele sammeln, **nennen** und Thesen **entwickeln.** ◻ Argumente **prüfen,** sich mit ihnen **auseinandersetzen** und **bewerten.** ◻ Argumente **in Beziehung setzen** und zu einer Argumentationskette verknüpfen. ◻ einen Argumentationsgang **entwerfen** und **verfassen.** ◻ zu einem Text, Sachverhalt kritisch **Stellung nehmen.**	

Wir wünschen dir viel Erfolg bei deiner Vorbereitung!

Online Kids – Einen informativen Text verfassen

1. Verfasse einen Flyer, in dem du über den **Umgang Jugendlicher mit dem Internet** informierst.

   Der Flyer soll sich an Eltern von Mittelstufenschülerinnen und -schülern richten.

   Entnimm dazu den Materialien M1–M6 Informationen.

2. Erläutere anschließend Aufbau und Stil deines Flyers und begründe deine Informationsauswahl.

M1 Freizeitaktivitäten von Jugendlichen

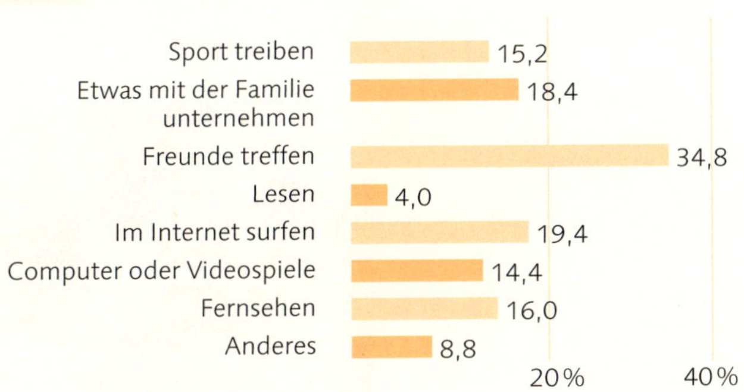

M2 Wöchentliche Internet-Nutzung nach dem Alter

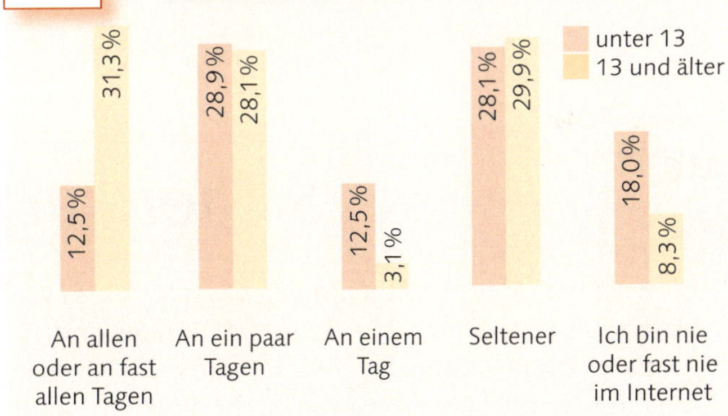

M3 Online Kids – Wie nutzen sie das Internet?

Das Institut „iconkids & youth" in München befragte dazu im Jahr 2000 erstmals 762 Kinder zwischen 8 und 12 Jahren.

Internet-Nutzung

Fast die Hälfte aller Kinder zwischen acht und zwölf Jahren kann und darf ins Internet gehen; das sind rund 2,1 Millionen Kinder. Die meisten der befragten Kinder (81%) wollen „einfach so rumsurfen", fanden die Forscher heraus. Informationen sammeln fürs Hobby (62%) und für die Schule (51%) folgen darauf, E-Mails verschicken wird mit 45% an vierter Stelle genannt. 31% treffen sich regelmäßig in Chat-Foren. […]

Die bisher letzte durchgeführte Studie „Online Kids 2001" bestätigt die rasante Zunahme der im Internet surfenden Kinder. Die Hälfte der 515 befragten Kinder ist täglich im Netz. Noch einmal 46% sind mehrmals im Monat online, der Rest höchstens einmal im Monat. […]

Geschlechtsspezifische Internet-Nutzung

Zum Teil deutliche Differenzen zwischen den Geschlechtern hat „Online Kids 2000" in der Häufigkeit der Internet-Besuche festgestellt: In der Altersgruppe der Acht- bis Neunjährigen etwa gehen nur 8% der Mädchen mehrmals pro Woche online (solche Kinder bezeichnet die Studie als „heavy user"), bei den Jungen sind es immerhin 33%. Mit zunehmendem Alter jedoch weichen solche Unterschiede auf.

Auch im Nutzungsverhalten treten deutliche Unterschiede auf: Während Jungen sich gerne auf Entdeckungstouren durch das Internet begeben, rufen Mädchen zielgerichteter Informationen ab.

Die Eltern

Die ebenfalls befragten Eltern sehen den Internet-Konsum ihrer Kinder laut „Online Kids 2001" positiv: 79% der Eltern befürworten den Umgang ihrer Kinder mit dem Internet. Aber 60% dieser Eltern haben entweder eine Filtersoftware installiert oder suchen von vornherein bestimmte Seiten aus, auf die ihre Kinder ausschließlich klicken können.

© Internationales Zentralinstitut für das Jugend- und Bildungsfernsehen (IZI) 2002, S. 38

M4

Die Faszination der Chaträume

Kinder und Jugendliche begegnen der Welt mit einer schier unerschöpflichen Neugier, sie wollen sie kennen lernen und eigene Räume entdecken. Chaträume bieten genau diese Möglichkeiten. (...) Neben Onlinespielen, dem (oft illegalen) Herunterladen von Musik und Videos sind Chaträume bei Kindern und Jugendlichen sehr beliebt, gelten als witzig und cool. Mädchen chatten häufig in „Herz-Schmerz-Räumen", Jungen tauschen sich öfter über Sport, Technik und Musik aus.
Einen besonderen Reiz hat es für Kinder und Jugendliche, dass man im Chat Rollen spielen, eine andere Identität annehmen kann: Man kann Geschlecht, Alter, äußeres Erscheinungsbild, Hobbys, Vorlieben, persönliche Eigenschaften, Wohnort etc. frei erfinden, sich in jeder Rolle ausprobieren. Und das alles ohne das Risiko ätzender Kommentare von besserwissenden Eltern und Pädagogen!
Chaträume bieten die Möglichkeit, ein „persönliches" Profil des Chatters mit Foto und Personenbeschreibung ins Netz zu stellen.

© Zartbitter Köln: Ursula Enders 2004, S. 3.

M5

In Köln wurde ein Mann wegen des sexuellen Missbrauchs zweier Teenager zu neun Jahren Haft verurteilt. Der 39-Jährige hatte die beiden Mädchen im Chat „angemacht" und einzeln zu Treffen überredet.

Kölner Stadt-Anzeiger 8. 7. 2003

M6

Sicher surfen

Es ist sinnlos, Mädchen und Jungen das Internet zu verbieten. Verbote führen nur dazu, dass Kinder und Jugendliche ohne Wissen der Erwachsenen heimlich chatten und surfen. Ebensowenig macht es Sinn, wenn Eltern glauben, sie könnten ihre Töchter und Söhne dadurch schützen, dass sie keinen Internetanschluss im Haushalt haben.
Jenny besuchte regelmäßig ein Internetcafé, denn ihre Eltern wollten keinen Internetanschluss. Die 13-Jährige lernte im Chat einen sympathischen Jugendlichen kennen, mit dem sie Kontakt halten wollte. Jenny war vorsichtig und gab [...] ihre Adresse nicht preis. Man verabredete, miteinander zu telefonieren. Am nächsten Tag klingelte es an der Haustür. Jenny öffnete. Vor ihr stand ihr „Chatfreund": ein etwa 40-jähriger Mann, der über die Telefonnummer Name und Adresse des Mädchens herausbekommen hatte.
Voraussetzung für den Schutz von Kindern und Jugendlichen im Internet ist die Medienkompetenz der Erwachsenen. Oftmals reagieren Eltern zunächst ungläubig, wenn man sie auf die Gefahren des Internets hinweist. Viele sind selbst „Internetmuffel" und beobachten voller Stolz, dass ihre Töchter und Söhne sich mit wachsender Begeisterung und großer Sicherheit im Internet bewegen. [...] So lange Mütter, Väter und Pädagogen sich über die Technik und Umgangsweise in Chaträumen und Newsgroups nicht kundig machen, nicht mitreden können, so lange werden Kinder und Jugendliche auch nicht mit ihnen über belastende Erfahrungen im Internet reden. [...]

Die Aufforderung, (mit Kindern gemeinsam) die Welt der Chaträume kennen zu lernen, sollte jedoch keinesfalls als Aufforderung zu einer intensiven Recherche in Chaträumen und zu einer Betätigung als Hobbyermittler missverstanden werden!
Auf keinen Fall sollten Eltern ihren Töchtern und Söhnen vor den Gefahren des Internets Angst machen. Angst ist ein schlechter Ratgeber, denn Angst lähmt! [...] Zudem führen massive Warnungen dazu, dass Mädchen und Jungen sich ihren Eltern oder anderen erwachsenen Vertrauenspersonen noch schlechter als ohnehin anvertrauen können: Sie haben Angst, dass ihnen das Internet generell verboten wird. [...]
Ebenso wie Erwachsene mit Kindern und Jugendlichen gemeinsam fernsehen, sollten Eltern mit ihnen gemeinsam im Internet surfen und sich z. B. für die Lieblingsseiten von Kindern interessieren. [...] Kinder lernen so spielerisch, welche Inhalte im Internet sinnvoll sind und welche ignoriert werden können.
Wichtigstes Ziel einer präventiven [weitsichtigen] Erziehung ist die Förderung eines gesunden Misstrauens.

© Zartbitter Köln: Ursula Enders 2004, S. 11–12

A Die Aufgabe verstehen

1 *Hast du die Aufgabe auf Seite 5 genau gelesen? Markiere die zentralen Begriffe (Schlüsselwörter).*

2 *Kreuze die **zwei** richtigen Aussagen an.*

Bei dieser Klassenarbeit musst du ...	**richtig**	**falsch**
a) einen Aufruf verfassen.	☐	☐
b) Schüler/innen und Lehrkräfte ansprechen.	☐	☐
c) über die Internetgewohnheiten Jugendlicher informieren.	☐	☐
d) Mittelstufe-Eltern ansprechen.	☐	☐

B Stoff sammeln

1 *Lies die Materialien M1–M6 ein erstes Mal. Markiere Wichtiges und mache Randbemerkungen.*

2 *Lege auf einem DIN-A4-Blatt eine Tabelle an, in die du die wichtigsten Informationen aus den Materialien stichpunktartig eintragen kannst, geordnet nach sinnvollen Oberbegriffen.*

Freizeitaktivitäten	**Internet-Nutzung**	**...**	**...**
„Computer/Internet“ nach „Freunde“ und „Sport“ sehr beliebt (M1)	...	...	...

a) Ergänze im Tabellenkopf sinnvolle Oberbegriffe.
b) Notiere in jeder Spalte einen Beleg aus den Materialien.

C Übungen

Informationen entnehmen

1 *Gib in einem oder zwei Sätzen die Informationen aus der Grafik M1 wieder.*

Die Grafik zeigt, dass „Im Internet surfen“ ...

Wortspeicher
Die Grafik belegt/ macht deutlich, ...
Aus der Grafik geht hervor, ...
Wenn man die Grafik ...

2 *Gib auch den Inhalt von Grafik M2 knapp wieder.*

3 *Sowohl in M2 als auch in M3 erfährst du etwas über die Internet-Nutzung je nach Alter. Fasse die Ergebnisse kurz zusammen. Benutze die Satzanfänge aus dem Wortspeicher.*

Wortspeicher
Sowohl ... als auch ...
Während ... sagt, geht aus ... hervor, ...
Vergleicht man ...

___

___

___

4 *M5 und M6 enthalten Beispiele/Belege zu Gefahren, die sich aus dem Internet-Surfen ergeben können.*
a) Gib diese Gefahren mit deinen Worten wieder.

Man hört und liest immer wieder, ___

___

___

b) Beziehe Stellung zu diesen Gefahren.

___

___

___

5 *a) Übertrage in Stichpunkten alle Informationen aus den Materialien M1–M6 in die Spalten deiner Tabelle von Aufgabe 2 auf Seite 7 (B – Ideen sammeln).*
b) Ergänze die Tabelle mit Informationen und Beispielen aus deiner eigenen Erfahrung.

6 *Lies dir alle Informationen durch, die du in die Tabelle eingetragen hast:*
a) Streiche (nur mit Bleistift!) durch, was nicht zum Thema passt.
b) Verbinde die Informationen, die zusammengehören.

Die Adressaten mit dem Flyer ansprechen

7 *Kreuze die beste Überschrift für deinen Flyer an.*

- ☐ Ein Flyer über Jugendliche im Internet
- ☐ Was macht Ihr Kind im Internet?
- ☐ Gefahren im Internet
- ☐ Was ihr über das Internet wissen müsst

Ein Flyer
- ☐ ... spricht seine Adressaten direkt an.
- ☐ ... ist möglichst kurz.
- ☐ ... ist übersichtlich aufgebaut.
- ☐ ... verwendet verständliche Wörter und klare Sätze.

8 *a) Mit welcher Einleitung willst du die Eltern neugierig machen? Kreuze an.*

- ☐ Mit einer spannenden Frage.
- ☐ Mit einer erstaunlichen Prozentzahl.
- ☐ Mit einem aufregenden Beispiel.
- ☐ Mit einem Hinweis aufs Wetter.

b) Wähle die passende Anrede, kreuze an.

- ☐ Liebe Mutter, lieber Vater, ...
- ☐ Liebe Eltern, ...
- ☐ Sehr geehrte Eltern, ...
- ☐ Hallo, liebe Eltern, ...

c) Schreibe die einleitenden Sätze deines Flyers.

______

______

______

D Einen Schreibplan aufstellen

Auch ein Flyer besteht aus Einleitung **(E)** – Hauptteil **(H)** – Schluss **(S)**.

Reihenfolge
Beginne mit dem
- ☐ Wichtigsten,
- ☐ Neusten,
- ☐ Überraschendsten,
- ☐ Bekannten.

1 *Nimm dein DIN-A4-Blatt mit der Tabelle und allen Informationen. Setze hinter jede Information entweder ein* **E***, ein* **H** *oder ein* **S***.*

2 *Die meisten Informationen stehen im Hauptteil. Deshalb musst du dir hier eine passende Reihenfolge überlegen.*
Nummeriere alle **H***(auptteil)-Informationen in einer sinnvollen Reihenfolge.*

3 *Ein Flyer, der sich an Eltern wendet, ist natürlich nicht mit „Einleitung" – „Hauptteil" – „Schluss" überschrieben.*
Finde knappe Zwischenüberschriften, die deinen Flyer übersichtlich gliedern und die angesprochenen Eltern neugierig machen.

Zwischenüberschriften

Wie Kinder ihre Freizeit gestalten

______

Internet-Vorteile

Internet-Gefahren

______

______

______

______

______

Den Flyer erläutern

Der zweite Teil der Klassenarbeit (S. 5) besteht darin, dass du Aufbau und Stil deines Flyers erläuterst und deine Informationsauswahl begründest. Beantworte dazu folgende Fragen.

4 *Was ist das Ziel, der Zweck deines Flyers?*

______

______

______

5 *Wie gehst du auf deine Adressaten ein?*

______

______

______

6 *Welchen Zweck erfüllen Überschrift und Zwischenüberschriften deines Flyers?*

7 *Erläutere die Reihenfolge deiner Zwischenüberschriften.*

Unter der ersten Zwischenüberschrift schreibe ich ...

8 *Begründe deine Wortwahl, deinen Satzbau und die Länge der Sätze.*

9 *Warum hast du bestimmte Informationen aufgenommen und andere nicht? Erläutere kurz.*

Zuerst gehe ich auf Freizeitaktivitäten allgemein ein, weil ...

10 *Nach all diesen Vorarbeiten und Übungen kannst du nun einen Flyer an die Eltern schreiben und anschließend erläutern (vgl. die Aufgabenstellung auf S. 5).*

E Den eigenen Text überarbeiten

1 *Prüfe mit Hilfe der Checkliste, ob dein Flyer folgenden Anforderungen entspricht. Kreuze an.*

☑ Checkliste „Flyer"

	Ja	Nein
☐ Nennst du in der Überschrift das Thema des Flyers?	☐	☐
☐ Gliederst du den Flyer durch mehrere Zwischenüberschriften?	☐	☐
☐ Steht unter der letzten Zwischenüberschrift eine Zusammenfassung oder ein Ausblick oder eine Empfehlung?	☐	☐
☐ Sprichst du an verschiedenen Stellen deine Adressaten – die Eltern – direkt an?	☐	☐
☐ Hast du alle Anredepronomen (*Sie, Ihr, Ihnen* ...) großgeschrieben?	☐	☐
☐ Sind deine Sätze kurz und klar?	☐	☐
☐ Vermeidest du Umgangs- und Jugendsprache?	☐	☐
☐ Erläuterst du zum Schluss Aufbau und Stil deines Flyers?	☐	☐
☐ Begründest du deine Informationsauswahl?	☐	☐

Tipp: Weitere Hinweise zur Überarbeitung findest du auf den Umschlagseiten 3–5.

Schüler und Senioren – Einen Bericht schreiben

Schüler/innen im Kontakt mit Senioren

1. Schreibe zu diesem Thema einen Bericht für die Schülerzeitung. Verwende dafür die Materialien M1–M8.
2. Begründe anschließend deine Materialauswahl.

M1

Von „schlauen FÜKSEN" und „alten Hasen"

„Gehen Sie mit der Maus auf den Menü-Punkt ‚Datei' und dann auf ‚Speichern unter'". So lautet eine mögliche Anweisung einer jungen Lehrerin oder eines jungen Lehrers im Fach Computer für Anfänger. In anderen Klassenräumen wird Englisch oder Französisch gesprochen, der Umgang mit dem Handy gelehrt oder das Gedächtnis trainiert.

So oder ähnlich gestaltet sich der Schulalltag für die Teilnehmer/innen des FUKS-Projektes, bei dem Schülerinnen und Schüler ab der 9. Klasse in die Rolle des Lehrers schlüpfen und Seniorinnen und Senioren ab dem 50. Lebensjahr wieder die „Schulbank drücken". Die Buchstaben FUKS stehen hierbei für Forschen, Unterrichten, Kennenlernen und Staunen.

Die Schüler/innen unterrichten im Team die Seniorinnen und Senioren […], je nach Interesse und Fähigkeiten der jugendlichen Lehrer/innen. Selbst die körperliche Fitness kommt nicht zu kurz, denn auch ein Gymnastikkurs steht auf dem „Stundenplan".

FUKS ist ein Projekt, das in Zusammenarbeit von Geschwister-Scholl-Gymnasium, dem Jugendamt und der Seniorenbeauftragten der Stadt Pulheim im Herbst 1999 entstanden ist. Beim FUKS-Projekt steht nicht die Wissensvermittlung, sondern die Begegnung zwischen Jung und Alt im Mittelpunkt. Die älteren Menschen lernen die Jugendlichen besser verstehen, sie können Anteil nehmen an dem, was Jugendliche bewegt. Umgekehrt entwickeln Jugendliche ein viel größeres Verständnis für die ältere Generation.

Für die Schüler/innen bietet der selbst erteilte Unterricht ganz neue Möglichkeiten des Lernens: selbstständiges Einarbeiten in teilweise neue Themenkomplexe und Erwerb einer Lehrkompetenz, wobei ihr vorhandenes Wissen vertieft und erweitert wird. […] Sie erwerben durch ihren freiwilligen Einsatz hohe soziale Kompetenzen, wichtige Schlüsselqualifikationen für ihren beruflichen Weg.

www.scholl-gymnasium.de

M2

Alfred Rupp, Teilnehmer des FUKS-Projekts: „Rentnerzeit! – Mit Gleichgesinnten die Fehler der Politiker feststellen? Warten, bis das Gehirn die meisten Zellen abgebaut hat? Nein, das liegt mir nicht. Ich will teilnehmen am modernen Leben in unserer Zeit. Also wird ein Personalcomputer angeschafft. Um sein Innenleben kennen zu lernen, brauchen ältere Menschen eben länger als Jüngere. Das FUKS-Programm in Pulheim kam mir gelegen. Mit anderen Interessenten wurde ich von hochmotivierten Schülern ‚von der Pike auf' in Grundkenntnisse der Computerwelt eingeweiht."

www.scholl-gymnasium.de

M3

Paten begleiten Schüler/innen

Martina Windrath

Sylvia Falcone kam vor fünf Jahren mit ihrer Familie nach Köln, musste sich einleben in einem neuen Land, zurechtfinden in einer neuen Schule. Mittlerweile besucht sie die Klasse 10b und träumt von einer Ausbildung als Restaurantfachfrau.

„Das wäre schön, ist aber schwierig. Meine Mutter kann nicht so gut Deutsch, es fehlt die Zeit. Da ist sie sehr wichtig", sagt sie und weist auf Ada Fischer (62).

„Du sprichst gut Deutsch, aber das Schriftliche üben wir noch", bestätigt die Mutter zweier Söhne, die als Frührentnerin nach einer sinnvollen Beschäftigung suchte und in der ehrenamtlichen Patenschaft an der Martin-Luther-King-Hauptschule auch fand. Sie wird Sylvia bei Bewerbungen zur Seite stehen und zu Beginn einer Lehre begleiten.

Es ist drei Jahre her, dass Schulleiter Heinz Klein von der Idee hörte, dass Senioren den Schülern auf dem Weg in eine Ausbildung helfen könnten. Es wurde viel draus: Gestern unterzeichneten die Martin-Luther-King-Schule und das „Centrum zur nachberuflichen Orientierung" [„Ceno"] nach einer erfolgreichen Pilotphase den Kooperationsvertrag. 14 Schülern stehen in diesem Jahr ebenso viele Paten in der neunten und zehnten Klasse zur Seite. Die Senioren unterstützen sie bei der Suche nach einer Lehrstelle, halten Kontakt zu Praktikaleitern, machen mit ihnen Hausaufgaben [...]

Kölnische Rundschau, 28. 9. 05

M4

Murat P. (16), Schüler der Martin-Luther-King-Hauptschule: „Meine Patin ist voll cool, sie kennt sich super aus mit Bewerbungen und Rechtschreibung und hat Mathe echt drauf. Klasse, dass sich unsere Schule an dem Projekt beteiligt!"

M5

Sokrates (5. Jh. v. Chr.): „Die Jugend liebt heute den Luxus. Sie hat schlechte Manieren, verachtet die Autorität, hat keinen Respekt mehr vor älteren Leuten und diskutiert, wo sie arbeiten sollte. Die Jugend steht nicht mehr auf, wenn Ältere das Zimmer betreten. Sie widerspricht den Eltern und tyrannisiert die Lehrer."

M6

Ellen B., Journalistin, Mutter: „Was ist eigentlich mit euch los? Was denkt ihr euch bloß dabei? Jung seid ihr, verdammt jung. Die neue Generation. Die Hoffnung. Dass ich nicht lache! Weicheier seid ihr. Schlafmützen. Langweiler. Ihr macht euch doch überhaupt keine Gedanken. [...] Euer Anspruchsdenken ist unerträglich [...], bloß nicht raus ins raue Leben. Da könnte man Schrammen abbekommen. Bloß nicht den Absprung wagen. [...] Ja, ja, um Spaß geht es. Ein paar Wochen jobben, Kohle abzocken. Dann ein Trip zur Love-Parade oder zum Ballermann 6. Fit for fun. Ihr seid eine Generation konfliktscheuer Anpasser. Ihr habt Angst, euer Leben selbst in die Hand zu nehmen. [...]"

„Ihr seid doch alles Weicheier!" Aus: PZ 92/97

M7

Bevölkerungsentwicklung und Altersstruktur
in Deutschland 1960 bis 2050

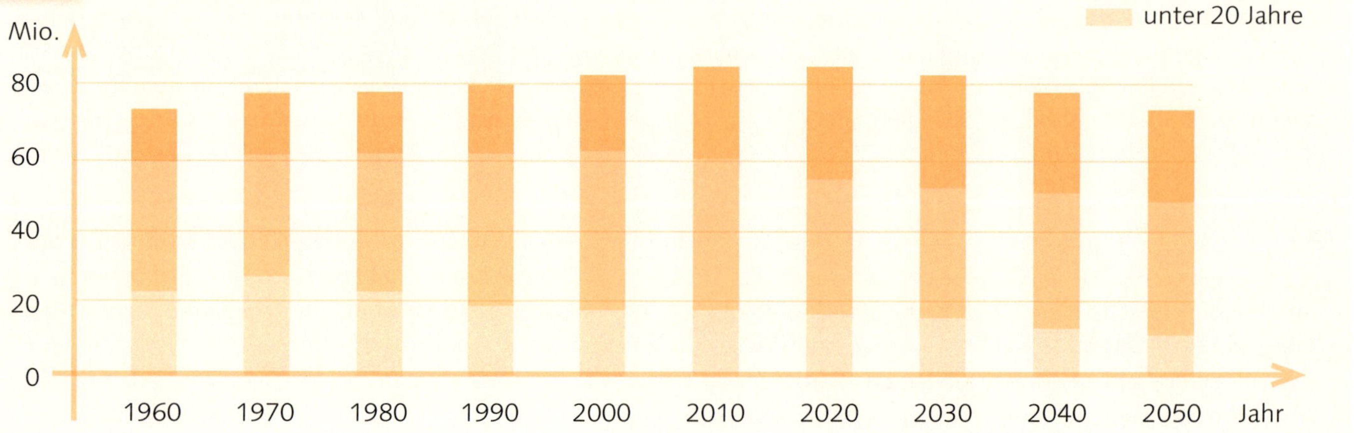

M8

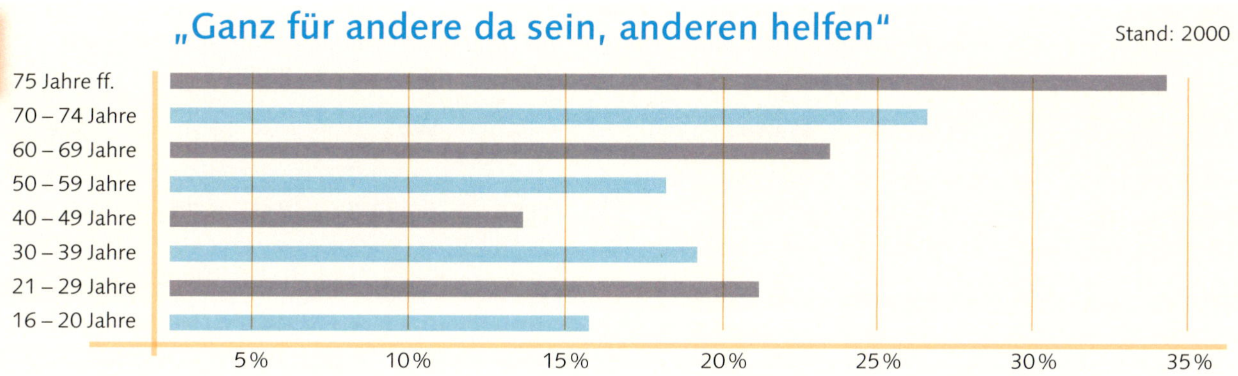

A Die Aufgabe verstehen

1 *Wie gehst du bei dieser Klassenarbeit (S. 11) am besten vor? Kreuze an.*

Ich …	**richtig**	**falsch**
a) überfliege die Materialien und fange dann an, den Bericht zu schreiben.	☐	☐
b) benutze beim Materialsichten einen Textmarker, um wichtige Informationen zu markieren.	☐	☐
c) kann auch Informationen zum Thema aus meinen eigenen Erfahrungen verwenden.	☐	☐
d) muss alle vorliegenden Materialien in meinem Bericht berücksichtigen.	☐	☐
e) achte beim Schreiben auf Sachlichkeit und denke an meine Leser/innen (Adressaten).	☐	☐
f) verfolge mit meinem Bericht ein Ziel, ich habe also eine Intention.	☐	☐

2 *Ein Bericht ist immer* ***sachlich****. Kreuze die* ***zwei*** *richtigen Merkmale an.*

Ein Bericht enthält …	**richtig**	**falsch**
a) meine persönliche Meinung.	☐	☐
b) zum Thema passende Aussagen anderer (in direkter oder indirekter Rede).	☐	☐
c) Umgangssprache und Jugendsprache.	☐	☐
d) spannungssteigernde Formulierungen wie „plötzlich“, „auf einmal“.	☐	☐
e) wertende Füllwörter wie „ja“, „natürlich“, „wohl“.	☐	☐
f) Konjunktiv, wenn ich fremde Aussagen indirekt wiedergebe.	☐	☐

B Ideen entwickeln – Stoff sammeln

1 *Als Verfasser/in eines Berichtes verfolgst du eine bestimmte Absicht (Intention). Dabei spielt auch eine Rolle, an wen du dich wendest. Die Intention ist sozusagen die* ***Leitidee*** *für deinen Bericht. Notiere sie.*

Ich beabsichtige mit meinem Bericht ______________________________

____

____

2 *Ein Bericht beantwortet normalerweise wichtige* ***W-Fragen****.*
Lege einen W-Fragen-Cluster an und notiere dazu passende Informationen aus den Materialien M1–M8.

Schüler/innen im Kontakt mit Senioren

Was?
FUKS-Projekt (M1)

Wann?

Wo?
FUKS: Gymnasium Pulheim (M1)

Wer?
FUKS: Schüler ab Kl. 9,
Senior/inn/en ab 50 (M1)

Welche Folgen?

Warum?

Wie?
Schüler unterrichten Senioren: PC, Handy,
Gedächtnistraining ... (M1)

3 *a) Markiere im Cluster die Stichpunkte, die du auf jeden Fall in deinem Bericht berücksichtigen willst, mit einem Kreuz (x).*
b) Ergänze Informationen und Beispiele aus persönlicher Erfahrung.

C Übungen

Als Nächstes geht es darum, die verschiedenen Materialien auszuwerten, um sie in deinen eigenen Bericht überführen zu können.

1 *Versuche, in höchstens zwei Sätzen die Entwicklung der Altersstruktur in Deutschland zu beschreiben, wie sie der Grafik M7 zu entnehmen ist.*

2 *Die Informationen aus M7 sollten in deinem Bericht mit den anderen Materialien verbunden werden; hier zwei Beispiele.*

Beispiel 1

Der Anteil der Menschen über 60 Jahre an der Bevölkerung nimmt immer weiter zu und der von Jugendlichen unter 20 Jahren immer weiter ab. Die Jugendlichen sehen sich also mit einer „Masse“ an „Alten“ konfrontiert. Deshalb wird es zunehmend wichtig, das Verständnis der Generationen zu vertiefen und zu verbessern. Dies wird z. B. durch ein Projekt in Köln bewirkt, bei dem Senioren Patenschaften für Schülerinnen und Schüler übernehmen, um sie auf dem Weg ins Arbeitsleben zu unterstützen.

Beispiel 2

Der Anteil der 20- bis 60-Jährigen macht im Jahr 2010 über die Hälfte der Bevölkerung aus. Dies ist bedrohlich für die gesellschaftliche Situation in Deutschland, da viele dieser Altersgruppe Vorurteile gegenüber Jugendlichen haben. So nennt die Journalistin Ellen B. Jugendliche „Weicheier“, „Schlafmützen“ und „Langweiler“ (M7, Z. 4 f.).

a) In Beispiel 1 wird M7 mit M ______ verknüpft. In Beispiel 2 wird M7 mit M ______ verknüpft.

b) Begründe, welches Beispiel inhaltlich passt und welches nicht.

Die Verknüpfung in Beispiel 1 passt/passt nicht, weil ______________________

____

Die Verknüpfung in Beispiel 2 passt/passt nicht, weil ______________________

____

c) Unterstreiche in den Beispielen jeweils die Formulierung, die die Verknüpfung herstellt.

d) Formuliere selbst eine passende Verknüpfung zwischen M7 (S. 12) und M1 (S. 11).

____

____

____

____

____

3 *a) Lies M1, Z. 8–12 („So oder ähnlich … Schulbank drücken'."), und M3, Z. 19–26 („Gestern unterzeichneten … Hausaufgaben […]".).*
b) Formuliere die beiden Textstellen mit eigenen Worten so um, dass die wichtigsten Informationen erhalten bleiben.

____

____

____

____

____

____

c) Kreuze an, welcher der folgenden Sätze als Verknüpfung zwischen die beiden Textstellen passt.

- ☐ Beim FUKS-Projekt ist es genau umgekehrt: ...
- ☐ Ähnlich erfolgreich läuft das FUKS-Projekt, auch hier geht es um die Zusammenarbeit von Jung und Alt: ...
- ☐ Genauso läuft es bei einem weiteren Projekt für Schüler und Senioren: ...

4 *Angenommen, deine Intention ist es, deine Leser/innen zu überzeugen, dass Senioren und Schüler/innen voneinander profitieren und lernen können.*
Gib entsprechende Textstellen aus den Materialien an, die diese Intention unterstützen können.

M1 Z. 8–19	M ___ Z. ___ – ___	M ___ Z. ___ – ___
M ___ Z. ___ – ___	M ___ Z. ___ – ___	M ___ Z. ___ – ___

5 *Ein Bericht lässt sich durch Zwischenüberschriften gliedern.*
Stell dir vor, du hast M1, M3 und M7 als Basis für den Hauptteil deines Berichts ausgewählt.
Formuliere zwei bis drei dazu passende Zwischenüberschriften.

____

____

____

6 *Aussagen von „Augenzeugen" kann man oft nicht vollständig wörtlich übernehmen, sondern muss sie in indirekte Rede umformen (Achtung: Konjunktiv!) oder mit eigenen Worten zusammenfassen. Es muss jedoch immer klar sein, von wem die Aussage kommt (▷ Umschlagseite 3 „Der Konjunktiv …" und 4 „Zitieren")!*
Verfahre so mit M2, Z. 2–5.

____

____

____

____

Die Materialauswahl begründen

In dieser Klassenarbeit (s. S. 11) musst du auch deine Materialauswahl begründen.

7 *Verbinde Aussagen von der linken Seite mit passenden der rechten:*

1. Ich habe M1 und M3 verwendet,	a) weil hier provokative Äußerungen vorliegen, die Vorurteile gegenüber Jugendlichen widerspiegeln und deshalb gut zum Thema passen.
2. M6 habe ich benutzt,	b) denn in dieser Grafik wird ein recht spezieller Bereich angesprochen, der sich weniger gut mit der Intention meines Berichts verbinden lässt.
3. M7 habe ich am Anfang meines Hauptteils eingebracht,	c) da darin Beispiele für die gute Zusammenarbeit von Schülern und Senioren gegeben werden, was genau zum Thema passt.
4. M8 habe ich weggelassen,	d) da hier allgemein die Situation von Jugendlichen und Senioren in Zahlen dargestellt wird, was eine Grundlage für das Thema meines Berichts bildet.

8 *Schreibe eine Begründung für die Auswahl von M2 oder M4 oder M5.*

D Einen Schreibplan aufstellen

Willst du einen Bericht verfassen, ist es sinnvoll, einen „Schreibplan" (eine Gliederung) zu machen.

1 *Welcher der folgenden Sätze gehört in die* ***Einleitung (E)****, welche in den* ***Hauptteil (H)****, welcher in den* ***Schluss (S)*** *eines Berichts?*

a) ☐ Insgesamt zeigen die verschiedenen Projekte, dass der Kontakt zwischen Schule und Senioren sich für beide Seiten bereichernd auswirkt.

b) ☐ Die Martin-Luther-King-Schule und das „Centrum zur nachberuflichen Orientierung" unterzeichneten einen Vertrag, wonach Senioren Schüler/innen bei der Lehrstellensuche unterstützen.

c) ☐ Vom „Generationenkonflikt" ist oft die Rede, von Berührungsängsten zwischen Jung und Alt. Dabei zeigen verschiedene Projekte, dass er durchaus erfolgreich ist, der Kontakt von Jugendlichen und Senioren.

d) ☐ Ein weiteres Beispiel für die Zusammenarbeit von Schülern und Senioren ist das FUKS-Projekt in Pulheim.

Schreibplan

E: Thema/ Ausgangslage nennen; Leseanreiz

H: Einzelheiten evtl. mit Zwischenüberschriften

S: Zusammenfassung

2 *Deine **Einleitung** muss Interesse wecken, z. B. mit einer Provokation oder einem Zitat.*
Formuliere eine kleine Provokation für deinen Einstieg. Folgende Reizwörter aus M5 und M6 können dir dabei helfen.

Jugendliche | Schlafmützen | keine Manieren | nur Spaß | ...

____

____

3 *Von den folgenden Wendungen, wie du den **Schluss** deines Berichtes eröffnen kannst, sind vier geeignet und zwei ungeeignet. Kreuze an.*

	geeignet	ungeeignet
a) Insgesamt lässt sich feststellen ...	☐	☐
b) Zusammenfassend lässt sich sagen ...	☐	☐
c) Zu guter Letzt kann man festhalten ...	☐	☐
d) Abschließend bin ich der Meinung ...	☐	☐
e) Alles in allem zeigt sich ...	☐	☐
f) Endlich muss ich zugeben ...	☐	☐

4 *a) Verwende die bisher geleisteten Vorarbeiten und schreibe einen Bericht für die Schülerzeitung (etwa eine DIN-A4-Seite).*
b) Begründe danach deine Materialauswahl (siehe S. 17, Aufgabe 8).

E Den eigenen Text überarbeiten

1 *Überprüfe mit Hilfe der Checkliste, ob dein Bericht folgenden Anforderungen entspricht.*

☑ Checkliste „Bericht"

		+	–
Vollständigkeit:	☐ Weckt deine Überschrift **Interesse** und passt sie zum Text?	☐	☐
	☐ Gibt es in deiner Einleitung einen **Leseanreiz**?	☐	☐
	☐ Hast du die **Materialien ausgewertet** und alle ausgewählten Informationen erwähnt?	☐	☐
	☐ Beantwortet dein Bericht alle **W-Fragen**?	☐	☐
	☐ Hast du deine **Materialauswahl begründet**?	☐	☐
Adressatenbezug:	☐ Ist dein Bericht für Schüler/innen gut **verständlich**?	☐	☐
Gliederung:	☐ Sind **Einleitung**, **Hauptteil** und **Schluss** klar zu erkennen?	☐	☐
	☐ Hast du nach jedem neuen Gedanken einen **Absatz** gemacht?	☐	☐
Sinnbezüge:	☐ Hast du Absätze durch **Überleitungen** sinnvoll verknüpft?	☐	☐
	☐ Sind deine **Zwischenüberschriften** informative Lesehilfen?	☐	☐
Sprachlichkeit:	☐ Ist deine **Sprache sachlich**?	☐	☐
	☐ Hast du **unpassende Formulierungen vermieden** (Wertungen wie *Ich finde ...*, Füllwörter wie *ja, wohl*, Umgangssprache wie *cool*, unerklärte Abkürzungen oder Fremdwörter)?	☐	☐
Zeichensetzung:	☐ Hast du **Zitate** als solche **markiert**? Nimm Umschlagseite 4 zur Hilfe.	☐	☐
Rechtschreibung/ Grammatik:	☐ Hast du die **Rechtschreibung und Grammatik** deines Berichts gründlich **überprüft**? Nimm die Umschlagseite 3 zur Hilfe.	☐	☐

Schon mit 12 Jahren vor Gericht? – Einen Leserbrief schreiben

Soll die Strafmündigkeit von 14 auf 12 Jahre gesenkt werden?
Schreibe einen Leserbrief an die örtliche Tageszeitung, in dem du deine Position begründest.
Beziehe dabei die wichtigsten Argumente aus der nachfolgenden Liste ein. Ergänze ein bis zwei eigene Argumente.

Information:
Bis zur Vollendung des 14. Lebensjahres sind Jugendliche nicht strafmündig. Erst mit 14 Jahren können sie nach dem Jugendstrafrecht verurteilt werden.
Ob bei Heranwachsenden (18 bis 21 Jahre) noch das Jugendstrafrecht oder das Erwachsenenstrafrecht angewendet wird, entscheidet das Gericht. Es prüft die persönliche Reife des oder der Angeklagten.

Liste der Argumente	PRO	KONTRA
(1) Die Straffälligkeit Minderjähriger hat stark zugenommen.	☐	☐
(2) Es gibt viele Banden, darum ist die Gewalt unter Kindern angewachsen.	☐	☐
(3) Im Moment der Tat fehlt diesen Kindern häufig das Bewusstsein, etwas Unrechtes zu tun.	☐	☐
(4) Kinder unter 14 Jahren interessieren sich schon für Politik. Das beweist ihre Reife und Einsicht.	☐	☐
(5) Eine schärfere Strafjustiz könnte deutlicher machen, was nicht rechtens ist.	☐	☐
(6) Die Zunahme von Gewalt Minderjähriger ist weniger dramatisch, als oft behauptet wird.	☐	☐
(7) Es besteht eigentlich kein Unterschied zwischen Kindern, Jugendlichen und Erwachsenen. Alle sind als Menschen gleich und also gleich zu behandeln.	☐	☐
(8) „Kriminelle Kinder“ sind die Ausnahme.	☐	☐
(9) Eine Strafe setzt Schuldfähigkeit (Bewusstsein von Recht und Unrecht) voraus. Diese ist bei 12-Jährigen nicht immer gegeben.	☐	☐
(10) Dass Kinder und Jugendliche heutzutage mehr wissen, heißt nicht, dass sie reifer sind.	☐	☐
(11) Meist lässt sich mit jugendlichen Straftätern gut reden. Sie verhalten sich anschließend nicht mehr kriminell.	☐	☐
(12) Kinderkriminalität betrifft Kinder aus bestimmten Familien. Die Gesellschaft muss diesen Familien helfen, statt das Strafrecht zu ändern.	☐	☐
(13) Jugendliche unter 14 Jahren sind in der Regel viel schwächer als Erwachsene.	☐	☐
(14) Das geltende Gesetz von 1923 ist nicht mehr zeitgemäß.	☐	☐
(15) ____________________	☐	☐
(16) ____________________	☐	☐

A Die Aufgabe verstehen

1 *Hast du die Aufgabe auf Seite 19 verstanden? Entscheide für jede Aussage, ob sie richtig oder falsch ist. Kreuze an.*

Ich soll ...	**richtig**	**falsch**
a) einen sachlichen Bericht zum Thema „Strafmündigkeit" verfassen.	☐	☐
b) meine eigene Meinung zum Thema begründen.	☐	☐
c) ausgewählte Argumente aus der Liste (Seite 19) verwenden.	☐	☐
d) weitere eigene Argumente finden.	☐	☐
e) einen möglichst überzeugenden Brief an die Zeitungsredaktion schreiben.	☐	☐

B Stoff sammeln – Die Argumente erfassen

1 *a) Streiche aus der Liste (Seite 19) alle Aussagen, die keine Argumente im Sinne des Themas sind.*
b) Kreuze für die verbleibenden Argumente an, ob es sich um PRO- oder um KONTRA-Argumente handelt.
c) Ergänze die Liste (Seite 19), indem du eigene Argumente hinzufügst.

2 *Wähle nun die beiden überzeugendsten PRO- und KONTRA-Argumente aus. Trage sie in die Tabelle ein und begründe deine Entscheidung kurz. Lege dazu im Heft eine Tabelle an.*

PRO-Argumente in Stichworten (= Strafmündigkeit in Zukunft ab 12 Jahren)	**Begründung** Ich halte das Argument für wichtig, weil ...
Große Zunahme der Straffälligkeit Minderjähriger	Gesetze auf gesellschaftliche Tatsachen reagieren müssen.
...	...

KONTRA-Argumente in Stichworten (= Strafmündigkeit wie bisher ab 14 Jahren)	**Begründung für die Auswahl** Ich halte das Argument für wichtig, weil ...
Delikte sind meist Ladendiebstähle und Sachbeschädigung	...

3 *Ordne den Argumenten passende Belege zu. Verbinde durch Linien.*

Argumente	**Belege (Beispiele, Zitate, Statistiken, Erfahrungen usw.)**
(1) Die Straffälligkeit Minderjähriger hat stark zugenommen.	(a) Wissenschaftler haben nachgewiesen, dass Jugendliche sich zunehmend mehr für Politik interessieren.
(2) Es gibt viele Banden, darum ist die Gewalt unter Kindern angewachsen.	(b) „In sehr frühen Altersstufen herrscht ein ausgeprägtes Bandenwesen." (Dr. Werner Hirz, Richter)
(3) Kinder unter 14 Jahren interessieren sich für Politik. Das beweist ihre Reife.	(c) „Wissen ist nicht gleichbedeutend mit Reife und angemessenem Sozialverhalten." (Prof. Dr. Gaby Wolter, Psychologin)
(4) Die Zunahme von Gewalt Minderjähriger ist weniger dramatisch, als oft behauptet wird.	(d) Polizeistatistik: Andere Altersgruppen zeigen einen höheren Anstieg der Tatverdächtigen als die der 12- bis 14-Jährigen.
(5) Dass Kinder und Jugendliche heutzutage mehr wissen, heißt nicht, dass sie reifer sind.	(e) Polizeistatistik: Die gemeldeten Fälle straffälliger Jugendlicher haben in den letzten Jahren dramatisch zugenommen.

C Übungen

Gegenargumente berücksichtigen

1 *Argument und Gegenargument werden mit der Konjunktion „obwohl" verknüpft. Verknüpfe die folgenden Argumente zu Satzgefügen, wie im Beispiel gezeigt.*

Es wird immer wieder gefordert, das Strafrecht auf Jüngere auszuweiten.	obwohl	Aber eigentlich müssten Jugendarbeit und Jugendhilfe die sozialen Probleme lösen.

Obwohl immer wieder gefordert wird, das Strafrecht auf Jüngere auszuweiten, müssten eigentlich Jugendarbeit und Jugendhilfe die sozialen Probleme lösen.

Heranwachsende können schon einschätzen, was Unrecht ist.	obwohl	Sie verhalten sich dennoch gesetzeswidrig.
Die Zahl der Kinder, die Straftaten begehen, ist gestiegen.		Man kann dennoch nur von einer Minderheit straffälliger Kinder sprechen.
Viele Kinder unter 14 Jahren wissen, was Recht und Unrecht ist.		Man kann bei Kindern unter 14 Jahren nicht davon ausgehen, dass sie bei einer strafbaren Tat im vollen Unrechtsbewusstsein handeln.

Zum Thema hinführen – Einleitungssätze

2 *a) Vermerke mit „+" oder „–", ob die vier Leserbrief-Einleitungen …*
- ☐ *das Thema nennen,*
- ☐ *sich auf die Liste mit den Argumenten (Seite 19) beziehen,*
- ☐ *die eigene Meinung/Betroffenheit ausdrücken.*

b) Kreuze den gelungensten Einleitungssatz an.

Einleitungssätze	Thema genannt?	Bezug auf Argumente?	Meinung/ Betroffenheit ausgedrückt?	Besonders gelungen
a) Mein zwölfjähriger Bruder hat auch schon mal Ladendiebstahl begangen und ist sofort erwischt worden. Er musste zum Glück nicht vor Gericht.	☐	☐	☐	☐
b) Es ist ja allgemein bekannt, dass Kinder immer aggressiver werden.	☐	☐	☐	☐
c) Zum Thema „Strafmündigkeit mit 12 Jahren", das in Ihrer Zeitung diskutiert wird, möchte ich mich deshalb äußern, weil ich als Jugendlicher genau weiß, dass die allermeisten Kinder nicht kriminell sind.	☐	☐	☐	☐
d) Ich bin vor kurzem Opfer einer Jugendbande geworden, deren Anführer höchstens 13 Jahre alt war.	☐	☐	☐	☐

D Einen Schreibplan aufstellen

1 *Welche Position (Meinung) hast du zur Frage „Soll die Strafmündigkeit von 14 auf 12 Jahre gesenkt werden?" (S. 19)? Formuliere deine Meinung als These (Behauptung, Forderung).*

____

____

____

____

____

____

2 *Welche PRO-Argumente für deine These erscheinen dir besonders überzeugend (siehe S. 20, „Ideen sammeln")? Lege eine Reihenfolge fest. Nummeriere die Argumente.*

3 *Welche KONTRA-Argumente könnten gegen deine These geltend gemacht werden (siehe S. 20)?*

4 *Notiere in Stichworten den Aufbau deines Leserbriefs. So kann deine Gliederung aussehen:*

- These
- Argument 1 (Beleg, Beispiel) / Gegenargument (Beleg, Beispiel)
- Argument 2 (Beleg, Beispiel)
- ...
- Zusammenfassung, evtl. Ausblick

5 *„Soll die Strafmündigkeit von 14 auf 12 Jahre gesenkt werden?" Beantworte diese Frage in Form eines Leserbriefs (▷ Umschlagseite 2 mit Briefformular).*

E Den eigenen Text überarbeiten

1 *Ist dein Leserbrief der Form nach korrekt (▷ Umschlagseite 2)?*
- ☐ *Der Briefkopf enthält deine Anschrift, die Anschrift der Zeitungsredaktion und das Datum.*
- ☐ *Einleitend gehst du ausdrücklich auf die Argumente in der Liste (Seite 19) ein.*
- ☐ *Anredepronomen werden als Höflichkeitsform großgeschrieben (Sie/Ihnen/Ihren Artikel ...).*
- ☐ *Am Schluss stehen eine Grußformel (Mit freundlichen Grüßen) sowie deine Unterschrift.*

2 *Überlege, an welchen Stellen du deine Argumente mit Beispielen (Belegen) stützen kannst.*

3 *Überprüfe die Verknüpfung deiner Sätze. Bediene dich aus dem Wortspeicher.*

4 *Korrigiere die Zeichensetzung deines Leserbriefs. (▷ Umschlagseite 3).*

Wortspeicher

..., aber	..., jedoch
..., hingegen/wohingegen	..., wobei
..., allerdings	..., deshalb/darum
..., weil/da	..., obwohl/obschon/obzwar
..., dennoch	zwar ..., aber ...

Führerschein mit 16 – Einen Artikel für die Schülerzeitung verfassen

„Sollen Jugendliche mit 16 Jahren das Recht haben, den Führerschein zu erwerben?"
Argumentiere für die Senkung der Altersgrenze.

1. Berücksichtige die PRO-Argumente aus der Liste. Entkräfte die wichtigsten Gegenargumente.
2. Beantworte abschließend in einem kurzen Fazit, wie diese Entscheidung im Zusammenhang mit Rechten und Pflichten Jugendlicher insgesamt steht.

Zur Sachlage:
Während man in Deutschland bereits mit 16 Jahren Mofa fahren darf, ist der Erwerb des Auto-Führerscheins frühestens ab 17 Jahren möglich. Beim Führerschein mit 18 gilt eine zweijährige Probezeit, in der man sich kaum fehlerhaftes Verhalten leisten darf, weil dann der Entzug des Führerscheins droht. Darüber hinaus muss bei 17-Jährigen grundsätzlich eine mindestens 30-jährige Begleitperson mit fünfjähriger Fahrpraxis mitfahren („begleitetes Fahren"), diese muss in den Unterlagen namentlich eingetragen sein. Es gilt die 0,0-Promille-Grenze für den Fahranfänger, der Begleiter darf Alkohol im üblichen Rahmen getrunken haben (höchstens 0,5 Promille). Diese Regelung gilt in ähnlicher Weise auch in Dänemark und Nordirland. In den USA ist das Fahren mit 16 Jahren in einigen Bundesstaaten erlaubt.

Liste der Argumente	PRO	KONTRA
(1) größere Sicherheit (Autos sind sicherer als Mofas)	☐	☐
(2) Steigerung der Jugendkriminalität (Anschaffungsdelikte)	☐	☐
(3) Praxis in anderen Ländern (z. B. USA)	☐	☐
(4) höhere Lernfähigkeit von Jugendlichen	☐	☐
(5) fehlendes Verantwortungsbewusstsein („nicht trocken hinter den Ohren")	☐	☐
(6) Übernahme von Verantwortung im Straßenverkehr	☐	☐
(7) Anwachsen des Straßenverkehrs	☐	☐
(8) erhöhte Mobilität (besonders auf dem Land, da dort schlechte Verkehrsanbindung)	☐	☐
(9) Förderung der Selbstständigkeit Jugendlicher	☐	☐
(10) Ankurbelung der Wirtschaft durch zusätzliche Autoverkäufe	☐	☐
(11) erhöhtes Unfallrisiko (bis 25 Jahre)	☐	☐
(12) ausreichendes Angebot öffentlicher Verkehrsmittel in der Stadt	☐	☐
(13) Erhöhung der Steuereinnahmen für den Staat (Kfz-Steuer, Benzinsteuer)	☐	☐
(14) entscheidend: Reife, nicht Alter	☐	☐
(15) umsichtiges Fahrverhalten wegen drohenden Führerscheinentzugs (Fahren auf Probe)	☐	☐

Liste der Argumente	PRO	KONTRA
(16) fehlende Harmonisierung der Altersgrenze für Wahlrecht, Alkoholkonsum etc.	☐	☐
(17) Gefährdung Mitfahrender, insbesondere Jugendlicher (z. B. Diskobesuch)	☐	☐
(18) Gefährdung der Sicherheit 16-Jähriger am Steuer durch häufigen Alkoholkonsum	☐	☐
(19) Vorteile für Eltern, wenn Jugendliche selbst fahren	☐	☐

A Die Aufgabe verstehen

1 *Hast du die Aufgabe sorgfältig gelesen? Kreuze an, welche Aufgaben richtig und welche falsch sind.*

Ich soll ...	richtig	falsch
a) einen Artikel verfassen, der andere von meiner Ansicht überzeugen kann.	☐	☐
b) einen Sachtext zum Thema verfassen, ohne dabei meine eigene Meinung zu sagen.	☐	☐
c) mich auf das Wesentliche konzentrieren und auf Gegenargumente nicht weiter eingehen.	☐	☐
d) in einer abwägenden Argumentation zeigen, dass die Entscheidung nicht leichtfällt.	☐	☐
e) Gegenargumente berücksichtigen, um meinen Argumenten größeres Gewicht zu geben.	☐	☐
f) mich vor dem Schreiben über die Sachlage und die Argumente informieren.	☐	☐
g) das Thema in den Zusammenhang von Rechten und Pflichten Jugendlicher einordnen.	☐	☐

B Erstes Textverständnis – Stoff sammeln

Argumente überprüfen

1 *Welche der folgenden Aussagen sind zutreffend? Kreuze an.*

Die Aussage ...	trifft zu	trifft nicht zu
a) Innerhalb Europas ist es nur in Deutschland rechtlich zulässig, nach bestandener Prüfung bereits mit 17 Jahren Auto zu fahren.	☐	☐
b) „Begleitetes Fahren“ bedeutet, dass ein Erwachsener mit mindestens fünf Jahren Fahrpraxis den Jugendlichen begleitet.	☐	☐
c) In den USA gilt eine allgemeine Fahrerlaubnis bereits mit 16 Jahren.	☐	☐
d) Beim begleiteten Fahren darf keine Person Alkohol getrunken haben.	☐	☐
e) Mofafahren ist in Deutschland grundsätzlich ab 16 Jahren möglich.	☐	☐
f) Beim Führerschein mit 18 gilt eine Probezeit von zwei Jahren.	☐	☐
g) In den USA können Jugendliche nur in einigen Bundesstaaten bereits mit 16 Jahren den Auto-Führerschein erwerben.	☐	☐

2 *PRO oder KONTRA? Prüfe die Argumente aus der Liste auf Seite 23 f. und kreuze in den entsprechenden Spalten an, ob es sich um PRO- oder KONTRA-Argumente handelt.*

3 *Prüfe die Argumente aus der Liste: Lassen sie sich sinnvoll auf die Fragestellung beziehen? Klammere die unsachgemäßen Argumente ein.*

C Übungen

Argumente stützen

Tipp

Argumente werden durch **Beispiele** anschaulich und wirken überzeugender.

1 *Finde passende Beispiele, die die ausgewählten Argumente stützen können.*

a) Argument: Kinder und Jugendliche sind lernfähiger als Erwachsene.

Beispiel: ____________________

b) Argument: Auch die Erwachsenen haben Vorteile, wenn Jugendliche Auto fahren dürfen.

Beispiel 1: ____________________

Beispiel 2: ____________________

Argumente verknüpfen

Gelenkwörter

Deine Argumentation wirkt überzeugender, wenn du die PRO- und KONTRA-Argumente sprachlich miteinander verknüpfst. Verwende dazu Gelenkwörter (Konjunktionen, Adverbien). Zusammenhänge sind z. B.:

- **Bedingungen** von Entscheidungen: wenn, dann,
- **Folgen einer Handlung:** sodass, folglich,
- **Begründungen:** weil, da, deshalb, darum,
- **Einräumungen:** obwohl, obgleich, trotzdem, dennoch.

2 *Verknüpfe die folgenden Satzpaare zu Satzgefügen (hier: Bedingungen).*

a) Man würde dieses Argument ernst nehmen. Der Führerschein dürfte erst ab 26 Jahren vergeben werden.

____

____

b) Es profitieren auch die Erwachsenen davon. Jugendliche dürfen mit 16 Jahren den Führerschein erwerben.

____

____

3 *Welche der folgenden Nebensätze passen inhaltlich zur Aussage im Hauptsatz? Kreuze an.*

In anderen Lebensbereichen wird den Jugendlichen auch eine gewisse Reife zugesprochen: In einigen Bundesländern dürfen Jugendliche mit 16 Jahren an den Kommunalwahlen teilnehmen, sodass ...	passt zur Aussage im Hauptsatz	passt nicht zur Aussage im Hauptsatz
a) ihr Demokratieverständnis gestärkt wird.	☐	☐
b) viele Jugendliche völlig überfordert sind.	☐	☐
c) sie das Gemeindeleben verantwortlich mitbestimmen.	☐	☐

4 *Eine der Aussagen in der Tabelle zu Aufgabe 3 passt inhaltlich gut zur Argumentation „Führerschein mit 16 Jahren?". Gib an, welche dies ist, und begründe kurz, warum sie gut passt.*

Die Aussage ______ passt am besten, weil ...

5 *a) Ordne die Sätze (1)–(3) den Sätzen a)–c) inhaltlich passend zu. Verbinde sie durch eine Linie.*

(1) Der Führerschein wird zunächst nur auf Probe ausgegeben.	a) Viele Jugendliche können nicht am sozialen Leben, z. B. in der Disko, teilnehmen.
(2) In den Städten gibt es gute Nahverkehrsverbindungen.	b) Die Jugendlichen haben ein starkes eigenes Interesse an verantwortungsbewusstem Fahrverhalten.
(3) Die Jugendlichen dürfen kein Auto fahren.	c) Es scheint nicht notwendig zu sein, den Führerschein mit 16 Jahren zuzulassen.

b) Verbinde die zusammengehörenden Sätze zu einem begründenden Satzgefüge.

(1) Weil der Führerschein zunächst ...

(2) Da ...

(3) ...

6 *Verknüpfe je zwei Sätze sinnvoll zu einem Satzgefüge mit „**obwohl**".*

a) Durch die Neuregelung kann es zu erhöhtem Verkehrsaufkommen und steigender Umweltbelastung kommen. Die wirtschaftlichen Vorteile sind beträchtlich.

b) Hier ist auch das Mofafahren als Alternative denkbar. Wir wissen alle, wie gefährdet Zweiradfahrer im Straßenverkehr sind.

7 *Verbinde die beiden Sätze mit einem passenden Gelenkwort zu einem Satzgefüge. Achte darauf, dass es deine Position „PRO Führerschein mit 16" stützt.*

a) Seit einigen Jahren gibt es in Deutschland die Möglichkeit, bereits mit 17 Jahren den Führerschein zu erwerben. Diese Erlaubnis ist mit Einschränkungen verbunden.

b) In einigen Bundesstaaten der USA ist das Fahren mit 16 Jahren erlaubt. Es stellt sich die Frage, ob in Deutschland die Altersgrenze nicht auch auf 16 Jahre gesenkt werden sollte.

c) Ich befürworte die Senkung der Altersgrenze. Bestimmte Bedingungen sind erfüllt.

Äußerungen Dritter wiedergeben

In der indirekten Rede (Verwendung des Konjunktivs I) kann man Äußerungen Dritter wiedergeben. Achte darauf, dass du die Quelle der Äußerung nennst, z. B.: ***Der Polizeipräsident teilte mit,*** *dass die Unfallzahlen gesunken seien.*

8 *Wandle die direkte Rede in indirekte Rede mit Konjunktiv I um.*

a) Nicht selten hört man in diesem Zusammenhang gerade aus dem Munde Erwachsener:

(1) Mit 16 Jahren ist man noch nicht trocken hinter den Ohren.

(2) Den Jugendlichen fehlt ein entsprechendes Verantwortungsbewusstsein.

b) Gegner einer Neuregelung wenden hier allerdings ein.

(1) Gerade der Besuch der Disko verleitet dazu, Alkohol zu trinken und dennoch Auto zu fahren.

(2) Dadurch ist eine hohe Gefährdung der mitfahrenden Jugendlichen gegeben.

D Einen Schreibplan aufstellen

Eine passende Einleitung finden

1 *Die Schülerzeitung wird von Schülerinnen und Schülern, der Lehrerschaft und den Eltern gelesen. Diese Adressaten sollen sich von der Einleitung angesprochen fühlen.*

a) Kreuze an, welche der folgenden Einleitungen gelungen ist und welche nicht. Bedenke dabei, dass
- ☐ *ein Aufhänger Interesse wecken soll,*
- ☐ *die Sprache angemessen und sachlich ist (mit Blick auf die Zielgruppe),*
- ☐ *das Thema genannt wird.*

b) Begründe deine Entscheidung.

Einleitungen	Gelungen? ja	Gelungen? nein	Begründung
(1) Ein altes deutsches Sprichwort lautet: Früh übt sich, wer ein Meister werden will. Und an diesem Sprichwort ist viel Wahres dran. Seit einigen Jahren gibt es die Möglichkeit, bereits mit 17 Jahren den Führerschein zu erwerben, wobei ...	☐	☐	
(2) Um es direkt zu sagen: Ich bin klar für eine Herabsetzung des Alters für Führerscheine, und zwar vor allem wegen der Verantwortung, die die Jugendlichen dann übernehmen müssen und ...	☐	☐	
(3) Meine sehr geehrten Damen und Herren, liebe Mitschüler, hallo, Eltern! Ich freue mich sehr, Ihnen und euch heute meine Meinung zum Thema „Führerschein mit 16" erklären zu dürfen, weil ...	☐	☐	

Argumente gewichten

2 *a) Welche Argumente werden deine breit gestreute Zielgruppe überzeugen, welche nicht? Kreuze an.*
b) Ordne die überzeugenden Argumente sinnvoll. Stelle das wichtigste Argument an den Schluss.
c) Begründe die Wahl deiner Argumente.

Argumente	überzeugend	nicht überzeugend
a) größere Sicherheit (Autos sind sicherer als Mofas)	☐	☐
b) Praxis in anderen Ländern (z. B. USA)	☐	☐
c) höhere Lernfähigkeit Jugendlicher	☐	☐
d) Übernahme von Verantwortung im Straßenverkehr	☐	☐
e) erhöhte Mobilität (vor allem auf dem Land wegen der dort schlechten Verkehrsanbindung)	☐	☐
f) Ankurbelung der Wirtschaft durch zusätzliche Autoverkäufe	☐	☐
g) gute körperliche Verfassung 16-Jähriger	☐	☐
h) gleiche Altersgrenzen für Wahlrecht, Alkoholkonsum usw.	☐	☐

Den Schreibplan als Flussdiagramm anlegen

3 *a) Markiere in der Liste auf den Seiten 23–24 die PRO-Argumente, die du für dein Statement verwenden möchtest.*
b) Lege eine Reihenfolge für die ausgewählten Argumente fest. Wähle die Reihenfolge so, dass die wichtigsten bzw. überzeugendsten Argumente am Schluss stehen. Notiere die Nummer am Rand neben der Liste.
c) Trage im Heft zu jedem Argument, das du verwenden möchtest, in Stichworten einen oder mehrere Belege zusammen.
d) Notiere, für welche Argumente du Gegenargumente anführen möchtest. Überlege, wie du diese entkräften kannst.

4 *Entwirf eine Gliederung, in der Argumente (PRO) und Gegenargumente (KONTRA) Platz finden. Nutze als Schreibplan für deinen Artikel ein Flussdiagramm, in dem du alle deine Argumente, mögliche Gegenargumente und Belege anordnest. Beachte die in Aufgabe 3 festgelegte Reihenfolge. Das Flussdiagramm könnte z. B. so beginnen:*

Einleitung

↓

Hauptteil

These: Der Führerschein mit 16 sollte eingeführt werden.

weniger wichtig

PRO-Argument: Führerschein mit 17 bereits möglich
Beleg: Projekt gelungen in anderen europäischen Staaten und den USA

→ KONTRA-Argument: ...

← PRO-Argument: Jugendliche lernen besser
Beleg: Fremdsprachenlernen

→ KONTRA-Argument: Jugendliche haben kein Verantwortungsgefühl
Entkräftung: persönliche Reife keine Frage des Alters

____

____

____

____

____

____

____

____

____

wichtig

Fazit

↓

Das Fazit formulieren

5 *Am Schluss deines Artikels soll ein Fazit (= Ergebnis) stehen. Kreuze* **zwei** *Aussagen an, die auf ein Fazit zutreffen.*

Am Schluss meines Artikels ...	trifft zu	trifft nicht zu
a) muss meine Telefonnummer (für Rückfragen) stehen.	☐	☐
b) muss ein Fazit stehen, das die eigene Position zusammenfasst.	☐	☐
c) sollte ich für alle überraschend noch ein wichtiges Argument einbringen.	☐	☐
d) kann eine Forderung, ein Ausblick oder ein Wunsch formuliert werden.	☐	☐

6 *Überlege dir ein gelungenes Fazit für deinen Artikel.*
Du kannst den Wortspeicher als Formulierungshilfe verwenden.

____

____

____

____

____

____

Wortspeicher
Abschließend lässt sich sagen, dass ...
Mit Blick auf die verschiedenen Aspekte bin ich der Ansicht, dass ...
Da meiner Meinung nach die Argumente für den Führerschein ab 16 überwiegen, ...
Aus den vorher genannten Gründen komme ich zu dem Schluss, ...

7 *Verfasse mit Hilfe deines Schreibplans einen vollständigen Artikel für die Schülerzeitung.*

E Den eigenen Text überarbeiten

1 *Prüfe mit Hilfe der Checkliste, an welchen Stellen du deinen Artikel überarbeiten solltest. Kreuze an.*

☑ Checkliste „Artikel für eine Schülerzeitung"

Hast du ...		+	–
Argumentation	☐ ... überzeugende Argumente ausgewählt?	☐	☐
	☐ ... deine Argumente sinnvoll gegliedert und das wichtigste an den Schluss gestellt?	☐	☐
	☐ ... zu einzelnen Argumenten Gegenargumente angeführt und entkräftet?	☐	☐
	☐ ... Argumente und Gegenargumente mit Beispielen und Belegen gestützt?	☐	☐
Adressatenbezug	☐ ... besonders in der Einleitung und zum Schluss den richtigen Ton für die Adressaten gefunden?	☐	☐
	☐ ... eine dem Adressatenkreis angemessene Sprache verwendet?	☐	☐
Logische Bezüge	☐ ... deine Satzreihen und Satzgefüge sinnvoll mit Konjunktionen (*aber, weil, trotzdem, deshalb, obwohl, indem, während, einerseits – andererseits, zwar – aber* ...) verknüpft?	☐	☐
Gliederung	☐ ... nach jedem neuen Gedanken/Argument einen neuen Absatz gemacht?	☐	☐
Satzzeichen	☐ ... die Kommas bei Haupt- und Nebensätzen richtig gesetzt?	☐	☐
Rechtschreibung	☐ ... deine Rechtschreibung überprüft?	☐	☐

Ina Deter: Neue Männer braucht das Land – Eine Parodie schreiben

1. Schreibe eine Parodie zum Thema „Schule" als Paralleltext zu Ina Deters *Neue Männer braucht das Land.*
2. Begründe anschließend dein Vorgehen.

Ina Deter

Neue Männer braucht das Land

Ich sprüh's auf jede Häuserwand
Ich such den schönsten Mann im Land
Ein Zettel an das Schwarze Brett
Er muss nett sein, auch im Bett.

Kratze es in Birkenrinden
Wo kann ich was Liebes finden?
Schreib's in Gold auf die Altäre
Ich komme nicht mit der Schere!

Male es auf jede U-Bahn
Ruf mich unter 3-1-8 an!
Drucke mir Demo-Flugblätter
Mit dem Bild von dem Erretter

Und verteile sie vor Karstadt
Hab die Männer noch nicht ganz satt
Setz es fett in die BILD-Zeitung
Emanze[1] sucht 'ne Begleitung.

Lass es im Werbefernsehn laufen
Notfalls würd ich einen kaufen
Singe es von allen Bühnen
Große Chancen haben Hünen[2].

Trage es auf meinem T-Shirt
Schreibt mir, wer, wo, was von wem hört
Werd 'ne Neonleuchtschrift machen
Wenn du so bist wie dein Lachen

Möchte ich dich wiedersehn
Mit dir schwimmen nach Athen
Sogar mit dir früh aufstehn
Sogar mit dir untergehn.

Refrain:
Ich sprüh's auf jede Wand
Neue Männer braucht das Land!

1 **die Emanze:** salopp für „Emanzipierte"; setzt sich für Gleichberechtigung der Frau ein
2 **der Hüne:** besonders großer Mann

A Die Aufgabe verstehen

Du wirst die Aufgabe (S. 31) besser verstehen und lösen, wenn du unter den folgenden Aussagen zur „Parodie“ die richtigen ankreuzt (Mehrfachnennungen möglich).

	richtig	falsch
1 *Eine Parodie …*		
a) … ist eine Satire ohne Vorlage.	☐	☐
b) … ahmt eine bekannte Vorlage nach.	☐	☐
c) … hat das gleiche Thema wie die Vorlage.	☐	☐
2 *Eine Parodie kann die Absicht haben, …*		
a) … etwas/jemanden zu kritisieren.	☐	☐
b) … etwas/jemanden zu loben.	☐	☐
c) … etwas neutral zu schildern.	☐	☐
d) … sich über etwas/jemanden lustig zu machen.	☐	☐
3 *Eine Parodie bedient sich sehr häufig der Stilmittel …*		
a) … Übertreibung	☐	☐
b) … Aufzählung	☐	☐
c) … Verzerrung der Realität	☐	☐
d) … Ironie	☐	☐
e) … Klischee	☐	☐
f) … Anrede an das Publikum	☐	☐
4 *Wenn eine Parodie als Vorlage ein gereimtes Lied mit Refrain hat, sollte sie …*		
a) … genauso viele Strophen haben.	☐	☐
b) … etwa den gleichen Anfang haben.	☐	☐
c) … ebenfalls Reime aufweisen.	☐	☐
d) … den Refrain weglassen.	☐	☐
e) … einen ähnlichen Titel haben.	☐	☐
5 *Damit eine Parodie ihre Wirkung beim Publikum erzielt, muss dieses …*		
a) … die Vorlage nicht kennen.	☐	☐
b) … mit der Thematik vertraut sein.	☐	☐
c) … Ironie erkennen.	☐	☐
d) … politisch korrekt eingestellt sein.	☐	☐

B Ideen entwickeln

1 *Das Lied von Ina Deter hat eine Kernbotschaft. Kreuze die richtige an.*

a) ☐ Männer sind schrecklich und es ist keine Möglichkeit der Besserung in Sicht.

b) ☐ Ein unbefriedigender Zustand soll verbessert werden.

c) ☐ Frauen sind das bessere Geschlecht.

d) ☐ Auf jeden Topf passt ein Deckel.

2 *Wer eine Parodie verfasst, verfolgt immer eine bestimmte Absicht (Intention).*
*Deine Intention ist die **Leitidee** für deine Parodie. Diese Leitidee sollte der Kernbotschaft des Originaltextes ungefähr entsprechen. Welche Leitidee möchtest du in deiner Parodie zum Thema „Schule" verfolgen?*

Ich beabsichtige mit meiner Parodie, ______________________

____

____

3 *Eine Möglichkeit, Ideen für deine Parodie zum Thema „Schule" zu sammeln, bietet ein Cluster.*
a) Ergänze diesen Cluster um passende Stichwörter und Beispiele.

Räume

____

Gegenstände

Tafel, Pult, ______________________

Personen

Lehrer/in, ______________________

Schule erneuern/verändern

Tätigkeiten

positiv: ______________________

negativ: pfuschen ______________________

Arbeitsformen

Partnerarbeit ______________________

Fächer

____

b) Kreuze die Stichpunkte an, die du auf jeden Fall in deiner Parodie berücksichtigen willst.

C Übungen

1 *Sehr wichtig für deine Parodie ist der **Titel**:*
- ☐ *Er soll deine Leitidee verraten.*
- ☐ *Er soll an den Originaltitel der Vorlage erinnern.*

a) Notiere verschiedene Titelentwürfe.
b) Wähle den geeignetsten Titel aus.

____

____

____

2 *Wichtig für deine Parodie ist auch der **Anfang**:*
Er soll so nah wie möglich an der Vorlage sein.
Notiere Vers 1 und 2 deiner Schul-Parodie.

____

____

3 *Wie hat Ina Deter den **Refrain** ihres Songs gebildet?*
Gestalte auf ähnliche Weise den Refrain deiner Parodie.

____

____

4 *Wer soll Sprecher/in („lyrisches Ich") in deiner Schul-Parodie sein?*
Entscheide und kreuze an.

☐ Schüler/in ☐ Lehrer/in ☐ Elternteil

☐ Politiker/in ☐ andere: ______________

5 *Am einfachsten ist es für deine Parodie, in der Vorlage von Ina Deter nur die Aussagen über die „Männer" zu streichen und sonst so viel wie möglich beizubehalten.*
a) Nimm diese Streichungen auf Seite 31 vor.
b) Überlege, welche Teile du für deine Parodie übernehmen kannst.

6 *a) Wie reimen sich die Verse in Ina Deters Song?*
b) Suche zu den Versen in Ina Deters Lied, die du für deine Parodie übernehmen möchtest, möglichst viele Reimwörter. (Notiere sie auf S. 31.)
c) Suche zu deinen Cluster-Wörtern von Seite 33 Reim-Wörter.

Reimschema
Paarreim
a a b b
Kreuzreim
a b a b

7 *a) Wie ist die Verteilung betonte (x́) – unbetonte (x) Silben in Ina Deters „Neuen Männern"? (Notiere sie auf S. 31.)*
b) Übernimm diese Betonung auch für deine Parodie.

Metrum
x x́ x x́ x x́
x́ x x́ x x́ x

8 *Stilmittel der Parodie sind **Ironie (I)**, **Übertreibung (Ü)**, **Verzerrung der Realität (VdR)** und **Klischees (K)**.*
a) Trage hinter den folgenden Sätzen das Kürzel für das Stilmittel ein:

Die heutigen Schüler sind die fleißigsten, höflichsten und bravsten aller Zeiten. ☐

Lehrer haben einen lockeren Job mit viel Freizeit und viel Urlaub. ☐

Von 25 Schülern einer Klasse schlafen zehn im Unterricht, weitere zehn reden mit ihrem Nachbarn und die restlichen fünf hören Musik auf MP3-Playern oder telefonieren mit ihren Handys. ☐

Seit Pisa hat man den Eindruck, nur noch in Finnland gibt es gute Schüler, die deutschen scheinen die Bildungsverlierer zu sein. ☐

b) Notiere für deine Schul-Parodie zwei bis drei Aussagen, die die genannten Stilmittel enthalten.
c) Versuche, diese Sätze in Reime mit passender Betonung umzuformen.

Die Entstehung deiner Parodie begründen

Im zweiten Teil der Klassenarbeit (S. 31) musst du begründen und erläutern, welche Mittel und Verfahren du beim Verfassen deiner Parodie angewendet hast.

9 *Entscheide dich für einen Einleitungssatz, der für diese Aufgabe passend ist.*

a) ☐ Um meine Parodie zu schreiben, bin ich folgendermaßen vorgegangen: ...

b) ☐ Eine Parodie zu schreiben ist schwer. Man muss Teile vom Original behalten und andere ersetzen sowie reimen ...

10 *Es ist auch sinnvoll, auf die Reihenfolge der Schritte einzugehen, in der du die Parodie erarbeitet hast. Versuche, die folgenden Arbeitsschritte in einer sinnvollen (zeitlichen) Reihenfolge zu nummerieren (1–9).*

☐ a) Titel neu formulieren
☐ b) Anfang der Parodie schreiben
☐ c) Refrain abwandeln
☐ d) Reime des Originals notieren
☐ e) Kernbotschaft des Originals ermitteln
☐ f) eigene Intention (Absicht) überlegen
☐ g) Ideen und Inhalte der Parodie ermitteln (Cluster)
☐ h) stilistische Mittel (Ironie, Klischees ...) einbauen
☐ i) Parodie vollständig aufschreiben

11 *Von den folgenden Verknüpfungen sind **drei nicht** gut geeignet, die Reihenfolge deiner Arbeitsschritte zu verdeutlichen. Kreuze sie an.*

	geeignet	nicht geeignet
a) Zudem ...	☐	☐
b) Im Gegensatz dazu ...	☐	☐
c) Als Nächstes ...	☐	☐
d) Als Erstes ...	☐	☐
e) In einem weiteren Schritt ...	☐	☐
f) Allerdings ...	☐	☐
g) Abschließend ...	☐	☐
h) Vielmehr ...	☐	☐
i) So ...	☐	☐
j) Deshalb ...	☐	☐
k) Dadurch ...	☐	☐

D Einen Schreibplan aufstellen

1 *Kreuze an, welche Vorgehensweisen du bei dieser Klassenarbeit sinnvoll findest.* ***Sechs*** *sind richtig.*

	richtig	falsch
a) Ich streiche zuerst unpassende Teile aus dem Original und ersetze sie dann durch eigene Formulierungen zu meinem Parodiethema.	☐	☐
b) Ich behalte so viele Textstellen wie möglich aus dem Original bei.	☐	☐
c) Ich schreibe genauso viele Strophen wie im Original.	☐	☐
d) Durch Ähnlichkeiten bei Titel, Refrain und Textanfang wird die Wiedererkennbarkeit des Originals gewährleistet.	☐	☐
e) Die Reime sollten sich am Thema orientieren!	☐	☐
f) Hauptsache, es reimt sich, das Thema ist nicht so wichtig.	☐	☐
g) Die Verse (Zeilen) sollten ungefähr so lang sein wie im Original.	☐	☐
h) Meine Intention ist nicht so wichtig.	☐	☐
i) Meine Parodie sollte einen witzigen, unterhaltsamen Charakter haben, deshalb verwende ich Stilmittel wie Ironie, Klischees und Verzerrung der Realität.	☐	☐
j) Die Sprecherrolle/Perspektive, aus der ich schreibe (Schüler/in/Lehrer/in/Politiker/in ...), ist wichtig.	☐	☐

2 *a) Verwende alle Vorarbeiten und schreibe eine Parodie als Paralleltext zu Ina Deters Song.*
b) Begründe anschließend dein Vorgehen.

Ich sprüh's auf jede Wand
Neue Schulen braucht das Land!
Ich sprüh's auf jede Wand
Neue Schulen braucht das Land!

E Den eigenen Text überarbeiten

☑ Checkliste „Parodie"

	+	–
☐ Markiere die Reimwörter: Handelt es sich um (Paar-)Reime?	☐	☐
☐ Unterstreiche jedes „Ich" im Text: Handelt es sich immer um dieselbe Sprecherrolle?	☐	☐
☐ Zähle die Silben in den Versen des Originals und deiner Parodie: Sind es etwa gleich viele?	☐	☐
☐ Überprüfe (klatsche) die Betonung der Silben: Ist sie regelmäßig?	☐	☐
☐ Kreise die parodistischen Stilmittel (Ironie, Klischee ...) ein: Ist dein Text witzig/unterhaltsam?	☐	☐

Tipp: *Für die allgemeine sprachliche und formale Richtigkeit deiner Parodie und ihrer Begründung vergleiche die Hinweise auf den Umschlagseiten* ▷ 3–5.

1 *Verbessere die Stellen in deinem Entwurf, wo du – angekreuzt hast.*

2 *Lies deine Parodie noch einmal als Ganzes: Wird jemand gedemütigt oder beleidigt?*

Walter Helmut Fritz: Augenblicke – Einen inneren Monolog gestalten

1. Gestalte als Fortsetzung der *Augenblicke* von Walter Helmut Fritz einen inneren Monolog von Elsa.
2. Reflektiere anschließend dein Vorgehen, sodass z. B. deutlich wird:

   Warum denkt Elsa so?

   Welchen Eindruck von Elsa möchtest du vermitteln?

   Wie begründest du Sprache und Stil deines inneren Monologs?

Walter Helmut Fritz

Augenblicke

Kaum stand sie vor dem Spiegel im Badezimmer, um sich herzurichten, als ihre Mutter aus dem Zimmer nebenan zu ihr hereinkam, unter dem Vorwand, sie wolle sich nur die Hände waschen.
Also doch! Wie immer, wie *fast* immer.
Elsas Mund krampfte sich zusammen. Ihre Finger spannten sich. Ihre Augen wurden schmal. Ruhig bleiben!
Sie hatte darauf gewartet, dass ihre Mutter auch dieses Mal hereinkommen würde, voller Behutsamkeit, mit jener scheinbaren Zurückhaltung, die durch ihre Aufdringlichkeit die Nerven freilegt. Sie hatte – behext, entsetzt, gepeinigt – darauf gewartet, weil sie sich davor fürchtete.
– Komm, ich mach dir Platz, sagte sie zu ihrer Mutter und lächelte ihr zu.
– Nein, bleib nur hier, ich bin gleich so weit, antwortete die Mutter und lächelte.
– Aber es ist doch so eng, sagte Elsa und ging rasch hinaus, über den Flur, in ihr Zimmer. Sie behielt einige Augenblicke länger als nötig die Klinke in der Hand, wie um die Tür mit Gewalt zuzuhalten. Sie ging auf und ab, von der Tür zum

Fenster, vom Fenster zur Tür. Vorsichtig öffnete ihre Mutter. Ich bin schon fertig, sagte sie.

Elsa tat, als ob ihr inzwischen etwas anderes eingefallen wäre, und machte sich an ihrem Tisch zu schaffen.

– Du kannst weitermachen, sagte die Mutter.

– Ja gleich.

Die Mutter nahm die Verzweiflung ihrer Tochter nicht einmal als Ungeduld wahr.

Wenig später allerdings verließ Elsa das Haus, ohne ihrer Mutter adieu zu sagen. Mit der Tram fuhr sie in die Stadt, in die Gegend der Post. Dort sollte es eine Wohnungsvermittlung geben, hatte sie einmal gehört. Sie hätte zu Hause im Telefonbuch eine Adresse nachsehen können. Sie hatte nicht daran gedacht, als sie die Treppen hinuntergeeilt war.

In einem Geschäft für Haushaltsgegenstände fragte sie, ob es in der Nähe nicht eine Wohnungsvermittlung gebe. Man bedauerte. Sie fragte in der Apotheke, bekam eine ungenaue Auskunft. Vielleicht im nächsten Haus. Dort läutete sie. Schilder einer Abendzeitung, einer Reisegesellschaft, einer Kohlenfirma. Sie läutete umsonst.

Es war später Nachmittag. Samstag, zweiundzwanzigster Dezember.

Sie sah in eine Bar hinein. Sie sah den Menschen nach, die vorbeigingen. Sie trieb mit. Sie betrachtete Kinoreklamen.

Sie ging Stunden umher. Sie würde erst spät zurückkehren. Ihre Mutter würde zu Bett gegangen sein. Sie würde ihr nicht mehr gute Nacht zu sagen brauchen.

Sie würde sich, gleich nach Weihnachten, eine Wohnung nehmen. Sie war zwanzig Jahre alt und verdiente. Kein einziges Mal würde sie sich mehr beherrschen können, wenn ihre Mutter zu ihr ins Bad kommen würde, wenn sie sich schminkte. Kein einziges Mal.

Ihre Mutter lebte seit dem Tod ihres Mannes allein. Oft empfand sie Langeweile. Sie wollte mit ihrer Tochter sprechen. Weil sich die Gelegenheit selten ergab (Elsa schützte Arbeit vor), suchte sie sie auf dem Flur zu erreichen oder wenn sie im Bad zu tun hatte. Sie liebte Elsa. Sie verwöhnte sie. Aber sie, Elsa, würde kein einziges Mal mehr ruhig bleiben können, wenn sie wieder zu ihr ins Bad käme.

Elsa floh.

Über der Straße künstliche, blau, rot, gelb erleuchtete Sterne. Sie spürte Zuneigung zu den vielen Leuten, zwischen denen sie ging.

Als sie kurz vor Mitternacht zurückkehrte, war es still in der Wohnung. Sie ging in ihr Zimmer und es blieb still. Sie dachte daran, dass ihre Mutter alt und oft krank war. Sie kauerte sich in ihren Sessel und sie hätte unartikuliert schreien mögen, in die Nacht mit ihrer entsetzlichen Gelassenheit.

A Die Aufgabe verstehen

1 *Unterstreiche die zentralen Begriffe (Schlüsselwörter) in der Aufgabenstellung auf Seite 37.*

2 *Kreuze die **drei** richtigen Lösungen an.*

In dieser Klassenarbeit sollst du ...	richtig	falsch
a) ... einen inneren Monolog schreiben.	☐	☐
b) ... die Perspektive der Mutter einnehmen.	☐	☐
c) ... den inneren Monolog ans Ende der Geschichte setzen.	☐	☐
d) ... unbedingt auf den Vater von Elsa eingehen.	☐	☐
e) ... deinen inneren Monolog abschließend erläutern.	☐	☐

3 *Lies den Text „Augenblicke“ noch einmal sorgfältig und kreuze dann an.*

	richtig	falsch
a) Elsas Mutter ist Witwe.	☐	☐
b) Die Handlung spielt im März, deshalb hat Elsa Frühlingsgefühle.	☐	☐
c) Sie geht meist respektvoll mit ihrer Mutter um.	☐	☐
d) Elsas Mutter ist eine rüstige ältere Dame.	☐	☐
e) Sie behandelt Elsa wie ein kleines Kind.	☐	☐
f) Elsa geht ihrer Mutter aus dem Weg.	☐	☐
g) Elsa hasst ihre Mutter und möchte sie verlassen.	☐	☐
h) Elsa liebt ihre Mutter.	☐	☐
i) Sie hat sich bereits eine neue Wohnung gemietet.	☐	☐
j) Die Stadt bedeutet für Elsa kalte Anonymität.	☐	☐
k) Elsa will den Konflikt mit der Mutter offen austragen.	☐	☐

B Ideen entwickeln

Die Figurenkonstellation

Das Verhältnis zwischen Elsa und ihrer Mutter ist problematisch und nicht einfach zu beschreiben. Deshalb kann es hilfreich sein, sich ihre Beziehung bildlich „vor Augen zu führen“:

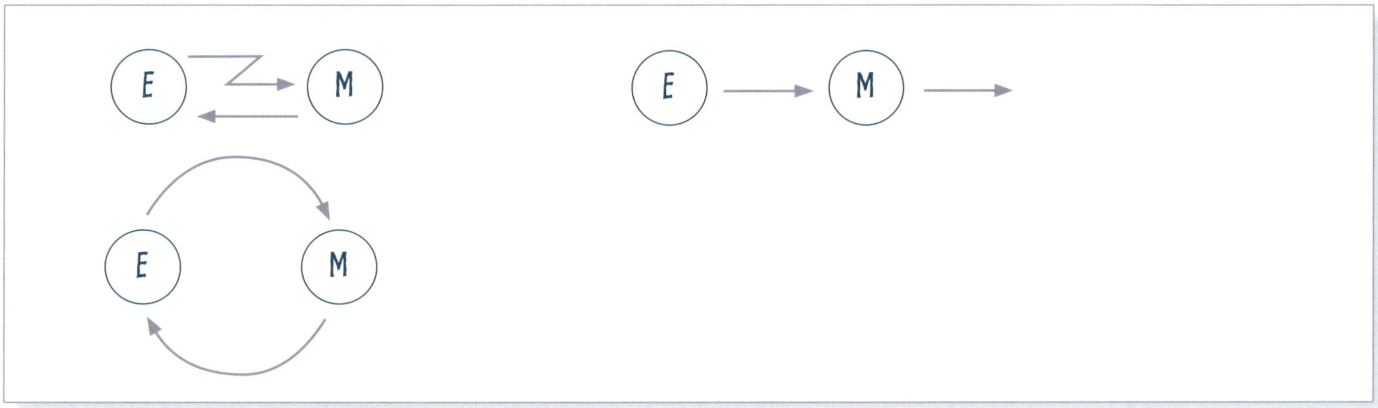

1 *a) Welche der drei Zeichnungen gibt deiner Meinung nach die Beziehung zwischen Elsa (E) und ihrer Mutter (M) gut wieder? Begründe kurz.*

---

b) Fertige eine Zeichnung an, die das Verhältnis Elsa – Mutter deiner Meinung nach am besten wiedergibt.
c) Versuche, deine Zeichnung zu beschreiben.

Ein Brainstorming über Elsa

So kannst du gute Ideen für deinen inneren Monolog von Elsa sammeln:

2 *a) Lies die Geschichte noch einmal langsam und aufmerksam.*
b) Markiere dabei Textstellen, die dir wichtig erscheinen.
c) Schreibe spontan alle Gedanken, die dir durch den Kopf gehen, an den Rand/auf ein DIN-A4-Blatt.

3 *Du kannst auch deine spontanen Gedanken zu dem Ideenspeicher auf einem DIN-A4-Blatt notieren.*

Ideenspeicher
- ☐ Elsas häusliche Situation
- ☐ E.s Zukunftspläne
- ☐ Wünsche der Mutter
- ☐ E.s Gefühle für ihre Mutter
- ☐ ...

C Übungen

Dein innerer Monolog soll ja Gedanken von Elsa wiedergeben.

1 *In welchem Teil der Geschichte findest du die meisten Gedanken von Elsa?*

a) ☐ In Teil 1, Zeile 1–36

b) ☐ In Teil 2, Zeile 37–56

2 *Notiere in Stichworten an den Rand der Geschichte (oder auf ein DIN-A4-Blatt) alle Punkte, die in den inneren Monolog von Elsa passen:* Wohnungssuche nach Weihnachten – 20 Jahre – ...

Hier findest du den inneren Monolog eines Schülers während einer Klassenratsstunde:

Wenn ich mich so in der Klasse umgucke, fühl ich mich echt beknackt!
Die brüllen bestimmt wieder, wenn ich was sag. Mein blödes Stottern auch – Mist!!
Obwohl – jetzt quatscht grad niemand. Ob ich mein Ding jetzt anbring?! – Vielleicht doch lieber nächste Woche ...
Ach was – raus damit, Feigling!

3 *Bestimme die Merkmale dieses inneren Monologs.*

Welche grammatische Form/Person?	
Welche Zeitform (Tempus)?	
Sprachstil?	
Besondere Satzzeichen?	

4 *Schreibe einen oder zwei Gedanken von Elsa als inneren Monolog auf.*

5 *a) Passt dein innerer Monolog …*
- ☐ *im Satzbau,*
- ☐ *in der Wortwahl*

zur Geschichte von Walter Helmut Fritz?

b) Wenn die stilistischen Unterschiede zu groß sind, ändere deinen Text.

Hier findest du zwei Möglichkeiten, wie Elsas innerer Monolog beginnen könnte:

Ich könnte schreien, laut schreien!!
Aber was hilft das schon …
Jetzt sitze ich wieder hier – und immer noch nichts entschieden.
Eigentlich macht sie ja nichts Schlimmes. Heute Morgen im Bad …

Endlich Ruhe – puuh!
Ein Glück, dass Mutter nicht „zufällig“ im Flur stand!
Ich glaube, dann hätt’ ich ihr sofort gesagt, dass ich ausziehen will.
Aber so kurz vor Weihnachten?

6 *Welcher Anfang gefällt dir besser?*
Ergänze ihn um einige Gedanken.

D Einen Schreibplan aufstellen

Du hast dich bisher gut auf Elsas inneren Monolog vorbereitet:

- □ Du hast dir über das Verhältnis von Elsa zu ihrer Mutter Gedanken gemacht.
- □ Du hast die Punkte in der Geschichte unterstrichen oder herausgeschrieben, die in Elsas inneren Monolog passen können.
- □ Du hast ein paar von Elsas Gedanken schon aufgeschrieben.

1 *Nimm ein DIN-A4-Blatt und schreibe stichpunktartig untereinander:*

- □ *alle Ideen, die du in deinem Brainstorming über Elsa notiert hast (Aufgabe 2 und 3 auf S. 40),*
- □ *alle Stichworte, die du aus der Geschichte herausgeschrieben hast (Aufgabe 2 auf S. 40),*
- □ *alle Schlüsselwörter, die du in der Geschichte unterstrichen hast.*

2 *Streiche alles durch, was nicht gut in Elsas inneren Monolog passt.*

3 *Nummeriere die übrig gebliebenen Stichpunkte in einer sinnvollen Reihenfolge:*

- □ *Womit setzt der innere Monolog ein?*
- □ *Welche Punkte folgen dann?*
- □ *Mit welchem Gedanken endet er?*

4 *Schreibe nun Elsas inneren Monolog im Anschluss an die letzten Zeilen der Geschichte von Walter Helmut Fritz.*

5 *Reflektiere und erläutere Elsas inneren Monolog:*

a) Auf welche Themen gehst du an erster Stelle ein?
Welche sind weniger wichtig? Was lässt du ganz weg?
Begründe dein Vorgehen.

b) Wie soll Elsa auf die Leser/innen deines inneren Monologs wirken?

c) Welchen Sprachstil hast du verwendet:
Jugendsprache – Umgangssprache – gehobene Umgangssprache?
Begründe deine Entscheidung.

E Den eigenen Text überarbeiten

Hat dein innerer Monolog Ähnlichkeiten mit dem folgenden?

VORSICHT FEHLER!

Elsa lächelt in die Nacht: „Die Idee mit der Wohnungsvermittlung war echt gut, da geh ich morgen noch mal hin. Und die Stadt erst – megageil! Ich hatte richtig Spaß. Nette Leute kennen gelernt, in der Bar 'nen Cocktail getrunken ... Ich will hier nicht versauern, ich bin zwanzig! Mann, freu ich mich auf ein eignes Bad, und das benutz nur ich!"
Zur selben Zeit denkt Elsas Mutter über den Tag nach und weint still in ihr Kopfkissen ...

1 *a) Dieser innere Monolog weist mehrere Fehler auf. Nenne sie.*
b) Achte darauf, dass du in deinem eigenen Monolog von Elsa solche Fehler vermeidest bzw. verbesserst.

Erläuterungen
Meiner Meinung nach ...
Ich finde, dass ...
Deshalb habe ich ...
Das sieht man z. B. in Zeile ....

2 *Überprüfe die Erläuterung zu deinem inneren Monolog.*

In der Erläuterung deines inneren Monologs ...	ja	nein
... sagst du, was dir an Elsas Gedanken wichtig ist.	□	□
... schreibst du, welchen Eindruck Elsa machen soll.	□	□
... begründest du die sprachliche Form deines inneren Monologs.	□	□

„Ihre Anzeige ist mir direkt aufgefallen.“ – Ein Bewerbungsschreiben überarbeiten

1. Überarbeite und verbessere das fehlerhafte Bewerbungsschreiben M1.
2. Begründe anschließend deine Textänderungen.

VORSICHT FEHLER!

M1

Paul Petermann
Petrastraße 5
51489 Köln
Tel.: 0221–673456
E-Mail: ppetermann@t-online.de

Köln, 11. 8. 2009

Bausparkasse Bergisch Bau AG
Personalabteilung Frau Londen
Ringstr. 53–55
51429 Bergisch Gladbach

Bewerbung um einen Ausbildungsplatz zum Bankkaufmann

Sehr geehrte Damen und Herren,
Ihre Anzeige in der Zeitung ist mir direkt aufgefallen. Sie war groß. Im Moment besuche ich noch die Gertrud-Bäumer-Gesamtschule in Köln. Ich beende die Schule voraussichtlich im Sommer. Meine Lieblingsfächer sind Deutsch und Kunst. In Mathe bin ich auch nicht schlecht. Ich habe einen guten Einblick in die Tätigkeit des Bankkaufmann erhalten ich habe ein Praktikum bei der Stadtsparkasse gemacht. Ich konnte dort meine Computerkentnisse auch anwenden. Ich habe im Informatikkurs schlieslich Textverarbeitung und Excel gelernt. Ich denke bei der Bausparkasse ist es auch ganz cool. In meiner Freizeit gehe ich regelmäßig ins Fitness-Studio und ins Kino. Die neuesten Filme interessiren mich besonders.

Gerne würde ich mit ihnen persönlich sprechen. Sie erreichen mich telefonisch am besten Nachmittags oder immer auch auf meinem Handy. In der Beilage finden Sie mein Zeugnis. Die Noten erfüllen Sie sicher mit großer Zufriedenheit.

Liebe Grüße
Paul Petermann

1 Beilage

M2

Ausbildung bei **Bergisch Bau**

Wir sind die bundesweit führende Bausparkasse.
Unser Erfolg wird maßgeblich bestimmt von qualifizierten Mitarbeitern.
Die Basis dafür ist unsere Ausbildung als solide Grundlage für das spätere Berufsleben.
Sie können bei uns ab September 2010 eine interessante und anspruchsvolle Ausbildung absolvieren als

Bankkauffrau/-mann

Voraussetzung: Mittlere Reife oder Abitur/Fachhochschulreife

Wir freuen uns auf Ihre Bewerbung (tabellarischer Lebenslauf, Lichtbild und Zeugnisse).
Senden Sie bitte Ihre zwei aktuellsten Zeugnisse – Durchschnitt mindestens 3,0 – (z. B. Halbjahresinformation Frühjahr 2008 und Versetzungszeugnis Sommer 2009) oder Ihr Schulabschlusszeugnis bis **31. Oktober 2009** an die

Bausparkasse Bergisch Bau AG
Personalabteilung Frau Linden
Ringstr. 53–55
51429 Bergisch Gladbach

Sie haben noch Fragen? Rufen Sie uns an!

Frau Linden, Telefon 02202 553385, antwortet Ihnen gerne.

Weitere Informationen finden Sie unter **www.bergisch-bau.de**

aus: Bergische Zeitung, 8. 8. 2009

A Die Aufgabe verstehen

1 *Kreuze die **zwei** richtigen Möglichkeiten an.*

Bei dieser Klassenarbeit ...	**richtig**	**falsch**
a) musst du nur auf Rechtschreib- und Kommafehler achten.	☐	☐
b) sollst du neben dem Bewerbungsschreiben (M1) auch die entsprechende Stellenanzeige (M2) beachten.	☐	☐
c) spielt die äußere Form der Bewerbung keine Rolle.	☐	☐
d) gibt es zwei Aufgabenteile zu bearbeiten.	☐	☐

B Stoff sammeln

1 *Lies das Bewerbungsschreiben M1 auf Seite 43 und markiere alle Fehler an der* ***äußeren Form*** *mit* ***F****.*
Vergleiche dazu das Briefmuster auf der Umschlagseite 2.

2 *Lies die Stellenanzeige M2 auf Seite 44 und unterstreiche darin alle Informationen, die für eine Bewerbung wichtig sind.*

3 *Markiere im Bewerbungsschreiben M1 alle* ***inhaltlichen Fehler*** *und notiere sie am Rand.*
Beachte dazu die Hinweise im Kasten „Inhalt".

4 *Setze neben jeden* ***Ausdrucksfehler*** *ein* ***A****; z.B. bei*
- ☐ *Wortwiederholungen.*
- ☐ *falschen Begriffen.*
- ☐ *unsachlicher Wortwahl, Umgangs- oder Jugendsprache.*

5 *Auf welche Fehler in*
- ☐ *Rechtschreibung* ***(R)****,*
- ☐ *Zeichensetzung* ***(Z)***

stößt du?
Markiere sie.

Inhalt prüfen
- ☐ Fundstelle der Anzeige
- ☐ Bewerbungswunsch
- ☐ Schulabschluss
- ☐ berufliche Kenntnisse
- ☐ Interessen
- ☐ geforderte Dokumente

Sprache prüfen
- ☐ Tempus
- ☐ Endungen
- ☐ Satzbau
- ☐ Konjunktionen

C Übungen

Die äußere Form beachten

1 *Wenn in der Stellenanzeige nicht anders gewünscht, schreibst du die Bewerbung …*

a) ☐ in schönster Handschrift.
b) ☐ am PC.
c) ☐ auf farbigem Papier.
d) ☐ als E-Mail.

Kreuze die richtige Lösung an.

2 *Die korrekte Anrede im Bewerbungsschreiben M1 (S. 43) ist „Sehr geehrte Damen und Herren".*
Wie könnte sie noch lauten?
Kreuze die ebenfalls mögliche Anrede an.

a) ☐ Liebe Damen, liebe Herren, ...
b) ☐ Sehr geehrte Frau Linden, ...
c) ☐ Liebe Frau Linden, ...
d) ☐ Sehr geehrte Personalabteilung, ...

3 *Welche Grußformel/Unterschrift ist korrekt?*

a) ☐ Hochachtungsvoll
Ihr P. Petermann

b) ☐ Mit freundlichen Grüßen
Paul Petermann

c) ☐ Liebe Grüße
P. Petermann

d) ☐ Hoffentlich bis bald
Paul Petermann

Übungen zum Inhalt

Ein Bewerbungsschreiben beginnt mit einem Hinweis, ...
- ◻ **wo** die Stellenanzeige gefunden wurde,
- ◻ **wann** das war,
- ◻ **welche** Stelle angeboten wird.

> Beim Recherchieren im Internet bin ich auf Ihre Stellenanzeige gestoßen, auf die ich mich hiermit bewerbe.
> Zurzeit besuche ich noch ...

4 *a) Welche Angaben fehlen hier? Schreibe sie auf.*

___

___

___

b) Mache einen Verbesserungsvorschlag. Ergänze fehlende Angaben aus deiner Erfahrung.

___

___

___

5 *Ein korrektes Bewerbungsschreiben*
- ◻ *nennt den* ***genauen Zeitpunkt*** *und*
- ◻ *die* ***Art*** *des Schulabschlusses.*

Lies in M1 auf Seite 43 nach: Findest du dort entsprechende Angaben? Sind sie genau genug?
Notiere deine Beobachtungen.

___

___

___

6 *In deiner Bewerbung musst du „beweisen", mit welchen Fähigkeiten, Aktivitäten und Interessen du dich für die Stelle eignest.*

a) Lies in M1, Z. 14–20: Meinst du, dass Paul Petermann seine Eignung für den Bankkaufmann überzeugend belegt?

b) Stell dir vor, du bewirbst dich um den Ausbildungsplatz als Bankkaufmann/-frau. Überlege dir überzeugende Kenntnisse und Aktivitäten, die deine Eignung für die Stelle belegen. Notiere in Stichworten.

___

___

___

___

Im **letzten Absatz** eines Bewerbungsschreibens ...

- ◻ äußert man die Hoffnung oder den Wunsch, zu einem Vorstellungsgespräch eingeladen zu werden.
- ◻ Dabei gibt man der Firma **keine** Hinweise, **wie** sie den Kontakt zu einem herstellt. Das überlässt man ihrer Entscheidung.
- ◻ Man kann in einem Satz alle gewünschten und beigefügten Anlagen aufzählen.

7 *a) Lies den letzten Absatz des Bewerbungsschreibens M1 auf Seite 43.*
b) Sieh in der Stellenanzeige M2 auf Seite 44 nach, welche Bewerbungsunterlagen dort verlangt werden.
c) Schreibe einen kurzen Absatz, mit dem die Bewerbung bei der Bausparkasse schließen kann.

Wortspeicher
Nun hoffe ich darauf, dass ...
Ich würde mich sehr freuen, wenn ...

Übungen zu Sprache und Ausdruck

Ich habe ein dreiwöchiges Praktikum gemacht. Es fand in unserer Sparkasse statt. Bei diesem Praktikum habe ich viel über das Bankwesen gelernt.

8 *Bilde aus diesen drei Sätzen ein einziges Satzgefüge.*

Wortspeicher
das
wobei
bei dem

9 *Verwende deine Stichworte für Aufgabe 6 auf Seite 46, um einen zusammenhängenden Text zu schreiben. Bilde Sätze mit verknüpfenden Wörtern und Satzgefüge mit passenden Konjunktionen.*

D Einen Schreibplan aufstellen

Wenn du alle Übungen und Aufgaben der Seiten 45–47 erledigt hast, kannst du nun den **ersten Teil der Klassenarbeit** von Seite 43 erledigen.

1 *Nimm ein DIN-A4-Blatt und schreibe darauf eine äußerlich und inhaltlich überarbeitete und verbesserte Fassung des fehlerhaften Bewerbungsschreibens M1 von Seite 43 (▷ Briefmuster Umschlagseite 2).*

Im **zweiten Teil der Klassenarbeit** von Seite 43 musst du deine Änderungen begründen, z. B.:
- äußere Form (Rand, Zeilenabstände, Absätze),
- Rechtschreibung und Zeichensetzung,
- inhaltliche Ergänzungen,
- sprachliche Verbesserungen (Wortwahl, Satzbau).

2 *Nimm ein zweites DIN-A4-Blatt, weise auf alle deine Änderungen des Bewerbungsschreibens hin und begründe sie.*

Änderungen
Betreffzeile
Anrede
erster/zweiter ... Absatz
Grußformel
Anlagen
...

E Den eigenen Text überarbeiten

☑ Checkliste „Bewerbungsschreiben“

	⊕	⊖
Gehst du auf alle Fehlerschwerpunkte ein:		
□ äußere Form – Inhalt – Sprache – Ausdruck – Rechtschreibung – Zeichensetzung?	□	□
Enthält dein überarbeitetes Bewerbungsschreiben unter anderem ...		
□ Veröffentlichungsort und -zeitpunkt der Stellenanzeige?	□	□
□ Bezeichnung der Schule, Ende der Schulzeit, Art des Abschlusses?	□	□
□ gute Gründe, warum Paul Petermann auf die Stelle passt?	□	□
Achtest du sprachlich auf ...		
□ störende Wortwiederholungen?	□	□
□ die Verknüpfung zusammengehörender Sätze?	□	□
□ falsche Umgangs- oder jugendsprachliche Wörter?	□	□
Erläuterst du deine Änderungen, indem du ...		
□ fehlerhafte Stellen mit Zeilenangabe zitierst?	□	□
□ Gründe angibst („Aus diesem Grund ...“/„Deshalb ...“/„..., weil ...“)?	□	□

Tipp: *Beachte auch die Tipps auf den ▷ Umschlagseiten 2–5.*

1 *Prüfe überall, wo du ⊖ angekreuzt hast, ob du deine Klassenarbeit noch verbessern kannst.*

Veit Wolpert: Schülergerichte statt Jugendrichter – Eine Rede analysieren

Analysiere die Rede *Schülergerichte statt Jugendrichter* von Veit Wolpert.
Konzentriere dich auf folgende Punkte:
- Worum geht es in der Rede?
- Welche Absicht verfolgt der Redner?
- Wie gestaltet er seine Rede sprachlich?
- Hat er Recht? Begründe und belege deine Meinung kurz.

Veit Wolpert[1]

Schülergerichte statt Jugendrichter[2] 2006

Sehr geehrter Herr Präsident, sehr geehrte Damen und Herren Kollegen,[3]

die Bekämpfung der Jugendkriminalität beschränkt sich nicht auf das Jugendstrafrecht allein, sondern sie braucht einen breiten Ansatz vom Elternhaus über die Schule bis hin zur Justiz. Dabei ist es in Deutschland unumstritten, dass der Erziehungsgedanke im Jugendstrafrecht den Vorrang vor Strafe hat. Vor diesem Hintergrund ist es richtig, ständig nach neuen Möglichkeiten zu suchen, erzieherisch auf Jugendliche einzuwirken. Eine der neuen Möglichkeiten scheint sich in den sogenannten „Teen Courts“ oder Schülergerichten abzuzeichnen.

Wenn man einmal genauer hinsieht, muss man erkennen, dass der bisherige Strauß an Maßnahmemöglichkeiten nur scheinbar ausreichend wirkt. Ja, wir haben das Jugendstrafrecht mit seinen Auflagen, Zuchtmitteln[4] und der Jugendstrafe. Das betrifft aber eher die Fälle, in denen eine kriminelle Karriere schon etwas fortgeschrittener ist. Die leichteren Fälle sollen bereits im staatsanwaltlichen Bereich abgehandelt werden. Dazu gibt es den breiten Bereich der Diversion[5], von der bloßen Ermahnung über sozialen Trainingskurs bis hin zum Täter-Opfer-Ausgleich[6], an dessen Ende meist eine Einstellung des strafrechtlichen Verfahrens stehen soll, sobald die erzieherischen Maßnahmen Wirkung gezeigt haben. Da aber ist der eigentliche Ansatz. Es stellt sich doch die Frage, ob das Erfüllen von Auflagen auch bedeutet, dass sie erzieherische Wirkung gehabt haben.

Hat das Ableisten von gemeinnütziger Arbeit tatsächlich automatisch die Wirkung, dass die nächste Straftat vermieden wird? Funktioniert jugendliche Einsichtsfähigkeit nach Erwachsenen-Denkmustern? Wächst eigenes Verantwortungsgefühl mit dem Erfüllen von Auflagen oder doch mehr in der Auseinandersetzung mit dem eigenen Handeln und den daraus folgenden Konsequenzen? Meine Damen und Herren, Letzteres ist wohl der Fall.

Die Teen Courts bieten hier einen Ansatz, um die Lücke zwischen Verfahrenseinstellung ohne Auflagen und den üblichen Maßnahmen wie gemeinnützige Arbeit zu schließen. Das Schülergericht besteht aus drei Schülern, das Gespräch soll zwischen 30 und 90 Minuten dauern. Der Inhalt des Gespräches soll sich vornehmlich auf die Tatmotive und die Folgen konzentrieren. Das Schülergericht soll also keine Ermittlungsarbeit über den Tathergang leisten, sondern in gemeinsamer Beratung eine Vereinbarung zur Wiedergutmachung der Tat finden. In der Vereinbarung soll enthalten sein, was die Täter bis wann erfüllt haben müssen und wer das kontrolliert. Die Vereinbarung wird von allen unterschrieben und den Erziehungsberechtigten zur Kenntnis gegeben. Verläuft alles nach der Vereinbarung, hat der Staatsanwalt immer noch das letzte Wort und kann gemäß §45 II JGG[7] das Verfahren einstellen. Meine Damen und Herren, während fast alle anderen erzieherischen Maßnahmen in einem Einwirken von Erwachsenen auf den jugendlichen Täter bestehen, ist hier eine Verhandlung unter Jugendlichen vorgesehen. Der jugendliche Täter verantwortet sich gegenüber Gleichaltrigen. Warum ist das ein wichtiger Unterschied?

Jugendtypische Straftaten zeichnen sich nun einmal durch einen Mangel an Reife aus. Die Kinder suchen in der Pubertät ihre Grenzen. Die Wege zum Erwachsenwerden sind verschlungen und die Denkweisen, von außen betrachtet, manchmal unlogisch. Ich will es Ihnen anhand eines Ausspruchs versuchen zu verdeutlichen. Irgendein Kabarettist hat es überspitzt so formuliert: In der Pubertät werden die Eltern komisch. Jugendliche können besser erfragen, verstehen und erkennen, welche Motive zu einer Tat geführt haben, als Erwachsene. Ihre Reaktion kann also viel genauer angepasst und damit wirksamer sein.

Ein Schülergericht ist eine Verhandlung mit Gleichaltrigen. Verhalten, das sich gegen die Erwachsenenwelt gerichtet hat, lässt sich Erwachsenen gegenüber schwerer erläutern als gegenüber Gleichaltrigen. Das Reden über Tatmotive ist der einzige Weg, Verantwortungsgefühl für die Tat zu wecken.

Auf der anderen Seite hat die Missbilligung durch Gleichaltrige oft stärkere Wirkung, weil auf deren Meinung Wert gelegt wird. Einsicht und Umdenken sind eher wahrscheinlich, wenn erkannt wird, dass die Tat als „uncool" empfunden wird. Die Angst vor Ausgrenzung und fehlender Anerkennung bei Gleichaltrigen ist nun mal größer als vor der Gruppierung, deren Regeln und Gesetze mit jugendlichem Eifer hinterfragt werden. Die bisherigen Ergebnisse der wissenschaftlichen Begleitung der bestehenden Projekte [in Bayern, Hessen und Nordrhein-Westfalen] bestätigen den Erfolg.

Schülergerichte können ein taugliches Mittel des erzieherischen Maßnahmekatalogs für jugendliche Straftäter sein. Sie schließen die Lücke zwischen Jugendgerichtsverfahren und bloßer Auflagenerfüllung. Jugendliche Straftäter fühlen sich im Verfahren besser verstanden, setzen sich mit ihrem Verhalten stärker auseinander und sind deshalb eher zum Umdenken bereit. Die Rückfallquote sinkt, eine kriminelle Karriere findet nicht statt.

Meine Damen und Herren, Sachsen-Anhalt sollte sich dieses erzieherische Instrument nicht selbst vorenthalten und mit Modellprojekten die ersten eigenen Schritte gehen.

1 **Veit Wolpert (*1960):** selbstständiger Anwalt und rechtspolitischer Sprecher der FDP-Fraktion im Landtag von Sachsen-Anhalt

2 **Schülergerichte statt Jugendrichter:** Die Rede wurde am 9. Juni 2006 gehalten. In Schriftform veröffentlicht wurde sie auf der Homepage der FDP-Fraktion. Anlass der Rede war die Veröffentlichung der Kriminalstatistik für das Jahr 2005, aus der hervorging, dass die Zahl der Straftaten, die von Jugendlichen begangen wurde, zwar gesunken, aber immer noch zu hoch war.

3 **Sehr geehrter Herr Präsident, sehr geehrte Damen und Herren Kollegen:** Adressaten der Rede sind die Abgeordneten des Landtags von Sachsen-Anhalt und ihr Ministerpräsident Wolfgang Böhmer.

4 **Zuchtmittel:** Dazu gehören Verwarnungen oder Jugendarrest (kurzzeitiger Freiheitsentzug von bis zu vier Wochen).

5 **Diversion:** Mittel der Staatsanwaltschaft, eine leichte oder mittelschwere Straftat ohne Eröffnung eines richterlichen Strafprozesses zu erledigen

6 **Täter-Opfer-Ausgleich:** Täter und Opfer treten miteinander in Kontakt und einigen sich auf eine Form der Wiedergutmachung, z. B. Schmerzensgeld.

7 **JGG:** Jugendgerichtsgesetz

A Die Aufgabe verstehen

1 *Kreuze für jede Aussage an, ob sie richtig oder falsch ist.*

Ich soll ...	**richtig**	**falsch**
a) die Rede untersuchen und meine Ergebnisse zusammenfassen.	☐	☐
b) die Redeabsicht des Redners erfassen.	☐	☐
c) eine detaillierte Inhaltsangabe der Rede anfertigen.	☐	☐
d) meine eigene Meinung zum Thema „Jugendgerichte" darstellen.	☐	☐

e) den juristischen Hintergrund der Rede herausarbeiten.	☐	☐
f) den Anlass der Rede berücksichtigen.	☐	☐
g) auf sprachliche Mittel und deren Wirkung eingehen.	☐	☐

B Erstes Textverständnis

Worum geht es? – Den Inhalt der Rede erfassen

1 *Lies die Rede von Veit Wolpert einschließlich der Fußnoten intensiv (vgl. Umschlagseite 4).*

2 *Was sind „Teen Courts"? Erkläre mit eigenen Worten und schreibe ins Heft.*

3 *Notiere in der folgenden Grafik, bei welchen Verfahren Erwachsene auf die Jugendliche einwirken und wo Jugendliche.*

Teen Court	←	Staatsanwalt	↔	(Jugend-)Gericht
☐ *Beratung und Vereinbarung zur Wiedergutmachung*		☐ *Auflagen (z. B. gemeinnützige Arbeit)* ☐ *Verfahrenseinstellung*		☐ *Zuchtmittel (z. B. Verwarnung, Jugendarrest)* ☐ *Haftstrafe*
a) ______		b) ______		c) ______

4 *Überprüfe im Text, ob die folgenden Aussagen über Wolperts Argumente richtig sind oder nicht. Kreuze an.*

	richtig	**falsch**
a) In Wolperts Rede geht es um die Vorteile von Schülergerichten.	☐	☐
b) Veit Wolpert meint, dass Jugendstrafen als Erziehungsmaßnahmen grundsätzlich ungeeignet sind.	☐	☐
c) Wolpert geht davon aus, dass gerichtliche Auflagen das Verantwortungsgefühl Jugendlicher stärken.	☐	☐
d) Der Redner nimmt an, dass Kritik durch Gleichaltrige wirksamer sein kann als Kritik durch Erwachsene.	☐	☐
e) Veit Wolpert räumt ein, dass die Teen Courts Ermittlungsarbeit leisten müssen.	☐	☐
f) Der Redner fordert sein Publikum dazu auf, mit ihm über die Vorzüge und Nachteile von Teen Courts zu diskutieren.	☐	☐

Die Absicht des Redners klären

5 *An welcher Stelle im Text wird Veit Wolperts Redeabsicht besonders deutlich? Gib die Textstelle mit Zeilen an.*

____

6 *Fasse die Redeabsicht mit eigenen Worten zusammen.*

____

____

____

C Übungen

Die sprachlichen Mittel und deren Wirkung untersuchen

1 *a) Unterstreiche im Text alle Fachwörter.*
b) Gib an, aus welchem Bereich die Fachwörter überwiegend stammen.

____

c) Welche Wirkung hat die Verwendung der Fachwörter? Begründe.

____

____

2 *a) Markiere im Text alle Fragen.*
b) Beschreibe die Wirkung, die diese Fragen auf die Zuhörenden haben.

____

____

3 *Veit Wolpert arbeitet mit Aufzählungen, die sich steigern, z. B. „vom Elternhaus über die Schule bis hin zur Justiz" (Z. 3–4).*
a) Markiere zwei weitere steigernde Aufzählungen.
b) Notiere kurz, wie dieses sprachliche Mittel wirkt.

____

____

4 *Der Redner spricht sein Publikum mehrfach direkt an.*
a) Gib die Zeilen für diese Textstellen an.

____

b) Wie reagiert das Publikum darauf? Schreibe deine Vermutung auf.

____

5 *An zwei Textstellen verwendet der Redner eine bildhafte Sprache (Metaphern). Notiere die entsprechenden Zitate und beschreibe ihre Wirkung. Tipps zum richtigen Zitieren findest du auf* ▷ *Umschlagseite 4.*

____

____

Hat Veit Wolpert Recht? – Einen eigenen Standpunkt entwickeln

6 *Nimm Stellung zu einem wichtigen Gedanken von Veit Wolpert. Nenne zwei Argumente, denen du zustimmst oder denen du widersprichst. Ergänze dazu eigene Beispiele (Belege). Schreibe ins Heft.*

Wenn Veit Wolpert sagt, ..., dann ______________________

Wortspeicher
zustimmen
Recht haben/geben
widersprechen
im Unrecht sein

D Einen Schreibplan aufstellen

1 a) *Notiere im Heft mit Hilfe des Tipps, welche Aspekte die folgende Einleitung enthält und welche Angaben fehlen.*
b) *Formuliere im Heft eine eigene Einleitung.*

> In der Rede „Schülergerichte statt Jugendrichter" versucht der Redner, die Abgeordneten des Landtags von Sachsen-Anhalt und ihren Ministerpräsidenten von den Vorzügen von Teen Courts zu überzeugen. Sein Ziel ist, ein entsprechendes Modellprojekt in die Wege zu leiten.

Analyse einer Rede

Einleitung:
Wer redet (Name)? Wo? Für wen? Worüber?
Hauptteil:
Was wird gesagt? Welchen Zweck verfolgt der Redner? Wie wird es gesagt?
(Zusammenfassung der Arbeitsergebnisse)
Schluss:
Hat der Redner Recht?
(kurze, begründete Stellungnahme)

Tempus: Präsens (im Hauptteil)
Zitat: wörtlich mit „..." oder indirekte Rede
Textbelege immer mit Zeilenangaben

2 a) *Trage für die folgenden Gliederungspunkte ein, was in den Hauptteil (H) und was in den Schluss (S) gehört.*
b) *Lege eine Reihenfolge fest und nummeriere die Gliederungspunkte entsprechend.*

	H oder S?	Reihenfolge
a) eigene begründete Stellungnahme: Hat der Redner Recht?		
b) Inhalt der Rede		
c) Analyse der sprachlichen Gestaltungsmittel		
d) Zusammenfassung der Arbeitsergebnisse		
e) Darstellung der Absicht des Redners		

3 a) *Schreibe auf ein DIN-A4-Blatt mit großzügigem Abstand die Gliederungspunkte Einleitung – Hauptteil – Schluss.*
b) *Trage die Ergebnisse deiner bisherigen Arbeit an den passenden Stellen ein.*
c) *Ergänze weitere Ideen.*

4 *Im folgenden Textbeispiel wird der Inhalt der Rede mit eigenen Worten zusammengefasst. Als Verb wird jedoch ausschließlich „sagen" verwendet, der Text wirkt dadurch sehr eintönig.*
Tausche „sagen" gegen Verben aus dem Wortspeicher aus. Schreibe den verbesserten Text in dein Heft.

Wortspeicher

verdeutlichen, bestreiten, verweisen auf, erklären, widersprechen, zusammenfassen, hervorheben, warnen, ausführen, darlegen, betonen, kritisieren, erläutern, fordern, vorausschicken, ausführen, nennen

> Zu Beginn seiner Rede (Z. 2–8) sagt Wolpert, dass er Teen Courts für eine geeignete Erziehungsmaßnahme hält. In den folgenden beiden Absätzen (Z. 9–23) beschreibt er die Nachteile von Jugendstrafen und sagt, dass sie nur eingeschränkt erzieherisch wirken. Als Begründung sagt er, dass für die Erziehung jugendlicher Straftäter die Auseinandersetzung mit der Tat entscheidend ist (Z. 19–23). Anschließend (Z. 24–36) umreißt er die Vorgehensweise der Schülergerichte. Etwas ausführlicher (Z. 37–60) sagt Wolpert dann, dass er Teen Courts für geeignet hält, weil Jugendliche ein besseres Verständnis für jugendliche Täter aufbringen, welche gegenüber Gleichaltrigen offener sind und sich zum Nachdenken über ihre Tat anregen lassen. Abschließend (Z. 61–69) sagt Wolpert noch einmal, was die Vorteile der Teen Courts sind, und er sagt, dass ein entsprechendes Modellprojekt in die Wege geleitet werden soll.

5 *Sinnvolle Überleitungen helfen, deine Analyse der Rede für die Leserin oder den Leser nachvollziehbar zu machen. Füge im folgenden Textbeispiel passende Überleitungen ein. Nutze dazu die Überleitungen im Kasten.*

______________________ erläutert Wolpert die Möglichkeiten des Jugendstrafrechts.

Die Metapher „Strauß an Maßnahmemöglichkeiten" betont ______________________ die Vielfalt der Maßnahmen.

Um den Zuhörern ______________________ die Härte der Jugendstrafen zu verdeutlichen, benutzt er die steigernde Aufzählung „Auflagen, Zuchtmittel und Jugendstrafe".

______________________ verweist er darauf, dass diese Maßnahmen erst bei schwereren Straftaten ihre Anwendung finden.

Überleitungen

- ☐ einleitend, zunächst
- ☐ ferner, ergänzend, dabei, anschließend, im Folgenden, im nächsten Absatz, zudem
- ☐ auf der einen Seite – auf der anderen Seite
- ☐ beispielhaft, als Beleg
- ☐ zusammenfassend, schlussfolgernd, abschließend

6 *Verfasse nun mit Hilfe deiner Vorarbeiten Hauptteil und Schluss der Redeanalyse im Sinne der Aufgabenstellung. Achte dabei auf richtiges Zitieren (vgl. ▷ Umschlagseite 4).*

E Den eigenen Text überarbeiten

1 *a) Überprüfe deinen Aufsatz mit Hilfe der folgenden Checkliste und überarbeite ihn gegebenenfalls.*
b) Schätze dein Arbeitsergebnis mit Hilfe des im Lösungsteil zu findenden Punkterasters ein.

☑ Checkliste „Rede analysieren"

	+	–
☐ Hast du die Schwerpunkte der Aufgabenstellung erfüllt? Prüfe am Text.	☐	☐
☐ Hast du Einleitung – Hauptteil – Schluss deutlich voneinander unterschieden? Trenne sie durch Querlinien.	☐	☐
☐ Erklärst du im Hauptteil, worum es in der Rede geht und welche Absicht/welchen Zweck der Redner verfolgt? Kreuze die Stellen an.	☐	☐
☐ Nennst du sprachliche Gestaltungsmittel und erläuterst ihre Wirkung? Unterstreiche sie in deinem Text.	☐	☐
☐ Hast du zum Schluss Stellung genommen und zwei Argumente genannt? Markiere sie.	☐	☐
☐ Belegst du deine Aussagen und Urteile mit Zitaten und Zeilenangaben? Unterstreiche sie.	☐	☐
☐ Sind Rechtschreibung und Zeichensetzung überprüft?	☐	☐

Tipp: *Die Hinweise auf den Umschlagseiten ▷ 2–5 dieses Heftes helfen dir, andere Fehler zu vermeiden.*

Esther Körfgen: Das Asyl – Eine Geschichte untersuchen

Analysiere und interpretiere die Kurzgeschichte *Das Asyl* von Esther Körfgen.

1. Untersuche dabei besonders
   – Gefühle und Verhalten der Haupt- und Nebenfiguren;
   – Form und Sprache der Kurzgeschichte.
2. Beurteile das Verhalten der Figuren.

Esther Körfgen

Das Asyl[1] 1988

Sie freute sich. Heute würde sie zum ersten Mal in eine deutsche Wohnung kommen.

Am Morgen noch saß sie wie gewohnt in ihrem kleinen Zimmer und schaute sich die Fotos ihrer Familie an, die daheim zurückgeblieben war – eine Beschäftigung, die ihr die Einsamkeit erleichterte. Doch dann hatte es an der Zimmertür geklopft, und als sie öffnete, stand der Heimleiter dort mit einem Brief in der Hand:

„Sehen Sie, Frau Hagadir, heute habe ich auch mal was für Sie dabei!"

Wieder allein, begann sie, die Botschaft mit Hilfe ihres kleinen Lexikons zu übersetzen:

Liebe Frau Hagadir, haben Sie Lust, mich zu besuchen? Ich würde mich sehr freuen, wenn Sie heute Nachmittag mit der Bahn zu mir kämen.
Ihre Frau Meier.

Nun aber war es Zeit zu gehen. Sie blickte noch einmal prüfend in den Spiegel und beschloss, das einzige Schmuckstück, das sie auf ihrer Flucht mitnehmen konnte, anzustecken. Dann verließ sie das Heim, um auf dem Weg zur Straßenbahn noch in einen Blumenladen zu gehen.

In der U-Bahn-Station suchte sie sich ihren Weg durch das Menschengewimmel. Ratlos stand sie vor dem Fahrscheinautomaten, auf dem ein Stadtplan mit unterschiedlichen Tarifzonen aufgezeichnet war – dargestellt mit roten, grünen und blauen Kreisen.

Den Vorort, in den sie eingeladen war, konnte sie nicht entdecken. Hilfe suchend wandte sie sich an einen neben ihr stehenden Mann, der ebenfalls den Plan studierte. „Entschuldigung bitte!", stammelte sie verlegen in ihrem gebrochenen Deutsch und nannte den Ort. Der Mann blickte abschätzig auf sie herab und zeigte, etwas Unverständliches vor sich hinmurmelnd, auf den Plan. Der Ort lag genau auf der Schnittlinie von roter und grüner Zone und sie fragte sich, welche Karte sie wohl nehmen müsse. Zudem stellte sie fest, dass sie kein passendes Geld hatte. Zögernd wollte sie sich wieder an den Herrn neben ihr wenden, doch dieser war schon weitergegangen. So wandte sie sich an eine vorübereilende junge Frau: „Entschuldigung?" Doch sie erntete nur einen flüchtigen Blick. Auch die übrigen Passanten wirkten so abweisend, dass sie es nicht wagte, einen weiteren Versuch zu unternehmen. Deshalb beschloss sie, den Bahnsteig aufzusuchen.

Vor der Rolltreppe prangte[2] ein großes Schild. Sie nahm ihr Lexikon aus der Tasche und enträtselte den Text: „Nur für Fahrgäste mit gültigem Ausweis!" Verwirrt hielt sie inne.

Schließlich wagte sie sich dennoch auf den Bahnsteig hinunter – vielleicht würde ihr jemand in der Bahn helfen können?

Doch als diese einlief, suchte sie vergebens nach einem Schaffner, den sie hätte fragen können.

Unentschlossen starrte sie in die hell erleuchteten Abteile, die sich schnell mit Leben füllten.

Doch dann nahm sie wahr, dass sich die Türen automatisch schlossen und die Bahn ohne sie abfuhr. Traurig blickte sie den leeren Bahnsteig entlang. Aus dem dunklen Schacht, in dem die Bahn verschwunden war, wehte ihr ein kalter Wind entgegen. Verzweifelt drehte

1 **Asyl:** Obdach; Zufluchtsort für (politisch) Verfolgte
2 **prangen:** auffallen

sie sich um und fuhr mit der Rolltreppe in die Halle zurück, in der wie zuvor lautes Treiben herrschte.
Sie blickte um sich, um vielleicht doch noch jemanden zu finden, der sich auskennen würde. Schließlich betrat sie einen der kleinen Läden, die sich in der Passage aneinanderreihten. Es duftete nach frischen Backwaren. Verlegen lächelnd reichte sie der Verkäuferin ihren Geldschein: „Bitte wechseln für Fahrkarte!“ Doch die Verkäuferin schüttelte den Kopf: „Nichts wechseln – kaufen!“, sagte sie.
Entmutigt verließ sie den Laden. Erschreckt merkte sie draußen in der Passage, dass ihr Tränen über die Wangen liefen. Mit einem Mal fühlte sie sich wehrlos ihrem Heimweh ausgeliefert. Und so machte sie sich langsam auf den Weg zurück zu ihrem Zimmer.

A Die Aufgabe verstehen

Wortspeicher
nennen
wiedergeben
verstehen
„untermauern“
erklären
beschreiben
untersuchen

1 *Wenn du den Lückentext mit Hilfe des Wortspeichers ausfüllen kannst, hast du verstanden, was in dieser Klassenarbeit von dir verlangt wird.*

Eine Geschichte analysieren oder ____________________ heißt zuerst einmal, ihren Inhalt ____________________ und knapp ____________________.

Weiter solltest du die Merkmale der Kurzgeschichte mit ihren sprachlichen Besonderheiten ____________________. Auch das Fühlen und Handeln der Figuren musst du ____________________ und ____________________.

Dein abschließendes Urteil solltest du mit passenden Textstellen ____________________.

B Erstes Textverständnis – Stoff sammeln

1 *Hier findest du die Merkmale einer Kurzgeschichte (▷ Umschlagseite 2). Übernimm den Cluster in dein Heft.*
a) Trage in Stichpunkten, Zitaten und mit Zeilenangaben ein, was du dazu im „Asyl“ von Esther Körfgen findest.
b) Alles, was dir selbst auffällt, notiere ebenfalls.

C Übungen

Die Figuren erschließen

1 *Streiche alle Stellen in der Kurzgeschichte an, die dir etwas über die Gefühle und Empfindungen der Hauptfigur Frau Hagadir sagen.*

2 *Welche anderen Menschen werden neben Frau Hagadir erwähnt?*
Streiche an, was du über ihre Empfindungen und ihr Verhalten erfährst.

Das Geschehen und Verhalten analysieren

3 *Du kannst dir die Handlung der Kurzgeschichte klarmachen, indem du die folgenden Zwischenüberschriften in der richtigen Reihenfolge nummerierst.*

☐	Vor dem Fahrschein-automaten	☐	Wieder in der U-Bahn-Halle	☐	Auf dem Bahnsteig	☐	Vor der Rolltreppe
☐	Der Schluss	☐	Zum Besuch aufbrechen	☐	Am Morgen		

4 *a) Nimm ein DIN-A4-Blatt und schreibe die Zwischenüberschriften in der richtigen Reihenfolge auf.*
b) Notiere in Stichpunkten, was in den einzelnen Abschnitten geschieht.

Die Sprache untersuchen

5 *Markiere mit einer besonderen Farbe alles, was dir an der Sprache der Kurzgeschichte auf Seite 55 f. auffällt:*
- ☐ *einzelne Wörter (Nomen, Verben, Adjektive),*
- ☐ *Vergleiche, sprachliche Bilder,*
- ☐ *Wiederholungen,*
- ☐ *Satzbau.*

[...] Doch dann nahm sie wahr, dass sich die Türen automatisch schlossen und die Bahn ohne sie abfuhr. Traurig blickte sie den leeren Bahnsteig entlang. Aus dem dunklen Schacht, in dem die Bahn verschwunden war, wehte ihr ein kalter Wind entgegen. [...] (Z. 67–72)

Wortspeicher
Der Zug ist abgefahren.
Die Tür ist zu.
ein dunkler Schacht
ein kalter Wind

6 *Diese Textstelle beschreibt genau Frau Hagadir auf dem U-Bahnsteig.*
Könnte damit noch mehr gemeint sein als nur die Situation auf dem Bahnsteig?

____

____

____

Die Figuren beurteilen

7 *Hier findest du einige Urteile über die Figuren der Kurzgeschichte. Treffen diese Urteile zu?*
Begründe deine Auffassung. Führe bei a) eine Textstelle an.

a) Obwohl Frau Hagadir die deutsche Sprache schlecht beherrscht, freut sie sich über den Kontakt mit einer Deutschen.

____

b) Die Hauptfigur ist eitel! Warum muss sie mit ihrem einzigen Schmuckstück angeben (Z. 21)?

____

____

c) Frau Hagadir ist selbst schuld. Warum gibt sie so schnell auf?

____

____

d) Wie sich der Mann (Z. 37 ff.), die junge Frau (Z. 48 f.) und die Verkäuferin (Z. 83 ff.) gegenüber Frau Hagadir verhalten – das ist überhaupt nicht zu verstehen.

____

____

____

Schreibplan
E: Thema/Inhalt der Kurzgeschichte
H: Form und Sprache der Kurzgeschichte
Fühlen, Handeln der Figuren
S: Beurteilung

D Einen Schreibplan aufstellen

1 *Welcher der folgenden Sätze gehört in die **Einleitung (E)**, welcher in den **Hauptteil (H)**, welcher in den **Schluss (S)**?*

Dass es sich bei „Das Asyl" um eine klassische Kurzgeschichte handelt, kann man z. B. an ... ☐	In der Kurzgeschichte „Das Asyl" von Esther Körfgen geht es um ... ☐
Über die Gefühle der Hauptfigur, Frau Hagadir, wird man gleich im ersten Satz der Kurzgeschichte ... ☐	Ich meine, das Verhalten der Passanten oder der Verkäuferin ist nicht völlig unverständlich, denn ... ☐

2 *a) Nimm ein DIN-A4-Blatt und trage mit dem nötigen Abstand die Gliederungspunkte Einleitung – Hauptteil – Schluss ein.*
b) Lies auf den Seiten 56–57 nach, welche Ideen und Übungen du zur Kurzgeschichte „Das Asyl" entwickelt hast: Trage sie an der passenden Stelle in deine Gliederung ein.
c) Ergänze die Gliederung um weitere Ideen und Gedanken.

3 *Untersuche und interpretiere nun „Das Asyl" in einem zusammenhängenden Text (siehe Thema auf S. 55).*

E Den eigenen Text überarbeiten

1 *a) Überprüfe deine Interpretation von „Das Asyl" mit folgender Checkliste.*
b) Schätze dein Arbeitsergebnis mit Hilfe des im Lösungsteil zu findenden Punkterasters ein.

☑ Checkliste

	+	–
☐ Hast du **Einleitung, Hauptteil, Schluss** durch Absätze kenntlich gemacht?	☐	☐
☐ Hast du in der Einleitung das Thema der Kurzgeschichte angesprochen? Unterstreiche es.	☐	☐
☐ Gehst du auf Merkmale und Sprache der Kurzgeschichte ein?	☐	☐
☐ Belegst du deine Aussagen und Urteile mit Zitaten und Zeilenangaben?	☐	☐

Tipp: *Um andere Fehler – z. B. bei Rechtschreibung oder Kommasetzung – zu vermeiden, vergleiche die Hinweise auf den Umschlagseiten* ▷ 3–5.

2 *Überall, wo du – angekreuzt hast, musst du deinen Entwurf noch einmal überarbeiten.*

Mascha Kaléko: Kinder reicher Leute – Ein Gedicht analysieren

1. Analysiere das Gedicht *Kinder reicher Leute* von Mascha Kaléko:
- Stelle dar, wie Kaléko Kinder reicher Leute beschreibt und beurteilt.
- Untersuche formale und sprachliche Gestaltungsmittel.
- Berücksichtige die Absicht (Intention) der Autorin und die Wirkung auf die Lesenden.

2. Vergleiche kurz den Eindruck, den das Gedicht von Kindern reicher Leute vermittelt, mit deinen Erfahrungen.

Mascha Kaléko

Kinder reicher Leute 1933

Sie wissen nichts von Schmutz und Wohnungsnot,
Von Stempelngehn[1] und Armeleuteküchen.
Sie ahnen nichts von Hinterhausgerüchen,
Von Hungerslöhnen und von Trockenbrot.

Sie wohnen meist im herrschaftlichen Haus,
Zuweilen auch in eleganten Villen.
Sie kommen nie in Kneipen und Destillen[2],
Und gehen stets nur mit dem Fräulein aus.

Sie rechnen sich schon jetzt zur Hautevolée[3]
Und zählen Armut zu den größten Sünden.
– Nicht mal ein Auto ...? Nein, wie sie das finden!
Ihr Hochmut wächst mit Pappis Portemonnaie.

Sie kommen meist mit Abitur zur Welt,
– Zumindest aber schon mit Referenzen[4] –
Und ziehn daraus die letzten Konsequenzen:
Wir sind die Herren, denn unser ist das Geld.

Mit vierzehn finden sie, der Armen Los
Sei zwar nicht gut. Doch werde übertrieben – –,
Mit vierzehn schon! – Wenn sie noch vierzehn blieben.
Jedoch die Kinder werden einmal groß ...

1 **Stempelngehn:** umgangssprachlich für arbeitslos sein (Bis in die 1960er-Jahre hinein musste man verschiedene Stempel unterschiedlicher Behörden vorweisen, um Arbeitslosenunterstützung zu bekommen.)
2 **Destillen:** Branntweinausschank
3 **Hautevolée:** vornehmste Gesellschaft
4 **Referenzen:** von einer Vertrauensperson gegebene Auskunft, die man als Empfehlung vorweisen kann

A Die Aufgabe verstehen

1 *Kreuze für jede Aussage an, ob sie richtig oder falsch ist.*

Ich soll ...	**richtig**	**falsch**
a) sprachliche Gestaltungsmittel und deren Wirkung untersuchen.	☐	☐
b) eine weitere Strophe ergänzen.	☐	☐
c) beschreiben, wie Kinder reicher Leute dargestellt und beurteilt werden.	☐	☐
d) die Darstellung des Gedichts mit meinen persönlichen Erfahrungen vergleichen.	☐	☐
e) die Absicht (Intention) von Mascha Kaléko beschreiben.	☐	☐
f) die Argumentation im Gedicht untersuchen.	☐	☐
g) die Form des Gedichts analysieren.	☐	☐

B Erstes Textverständnis – Stoff sammeln

1 *Lies zunächst einmal nur die Überschrift des Gedichts und schreibe auf, was dir zu Kindern reicher Leute einfällt (deine* ***Assoziationen****).*

Kinder reicher Leute ... ____________________

____

2 *Lies nun das ganze Gedicht laut. Wie klingt es, wie wirkt es auf dich? Notiere deinen* ***ersten Eindruck****.*

____

____

3 *Formuliere in einem Satz, worum es in dem Gedicht insgesamt geht (das* ***Thema****).*

____

____

4 *Notiere für jede Strophe in einem ganzen Satz, worum genau es geht (den* ***Inhalt****).*

Formulierungen
In der Strophe geht es um ...
... ist die Rede von ...
...wird beschrieben/erwähnt ...
Das Gedicht zeigt/beschreibt/stellt dar

Strophe 1: Die erste Strophe beschreibt das Leben der Armen, von dem reiche Kinder nichts wissen.

Strophe 2: ____________________

____

Strophe 3: ____________________

Strophe 4: ____________________

Strophe 5: ____________________

C Übungen

Der **Hauptteil** deiner Gedichtanalyse enthält die Ergebnisse deiner Textuntersuchung. Es ist wichtig, die Wirkung der formalen und sprachlichen Gestaltungsmittel zu erklären.

1 *Untersuche die **formale Gestaltung** des Gedichts. Die Tipps helfen dir.*
a) Bestimme die Zahl der Strophen, die Zahl der Verse (Zeilen) pro Strophe, das Reimschema und das Metrum. Notiere deine Beobachtungen neben dem Gedicht auf Seite 59.
b) Trage deine Ergebnisse in den Lückentext ein.

Das Gedicht hat ________ Strophen, die über je ______ Verse verfügen. Das Reimschema ist regelmäßig, es lautet in jeder Strophe ________________________ und ist demnach ein ____________________ Reim. Das Metrum ist ebenfalls regelmäßig, es handelt sich um einen ________________________.

Hauptteil

Der **Hauptteil** umfasst
- ☐ eine knappe Beschreibung der Form,
- ☐ eine strophenweise gegliederte Inhaltsangabe,
- ☐ inhaltliche Besonderheiten in Verbindung mit sprachlichen Auffälligkeiten,
- ☐ Belege der Feststellungen mit wörtlichen Zitaten.

Reimschema

Paarreim:	a a b b
Kreuzreim:	ab ab
umarmender Reim:	abba
verschränkter Reim:	abc abc

Metrum

Jambus:	x x́ x x́ x x́
Trochäus:	x́ x x́ x x́ x
Daktylus:	x́ x x x́ x x
Anapäst:	x x x́ x x x́

c) Welche Wirkung hat diese Form der Gestaltung? Kreuze an.

Die formale Gestaltung wirkt ...

a) sehr abwechslungsreich. ☐
b) ruhig. ☐
c) eintönig. ☐
d) sprunghaft. ☐

2 *Untersuche die **sprachliche Gestaltung** des Gedichts.*
a) Arbeite am Text auf Seite 59 und notiere dort deine Beobachtungen. Du kannst die sprachlichen Gestaltungsmittel durch Unterstreichungen, Einkreisen, Unterschlängeln oder mit verschiedenen Farben hervorheben.
b) Der folgende Text beschreibt die sprachliche Gestaltung und deren Wirkung. Einige Beschreibungen sind unterlegt, streiche Unpassendes.
c) Zitiere für jeden Buchstaben im Text **(A)**, **(B)** *und* **(C)** *Textbelege, die die Beschreibung verdeutlichen. Denke an die Versangaben.*

Das Gedicht weist sehr viele/wenige Nomen auf, auffallend viele/wenige Adjektive und vorwiegend ungewöhnliche/alltägliche Verben. Es besteht nahezu ausschließlich aus Hauptsätzen/Nebensätzen und Satzreihen/Satzgefügen. Ausnahmen von dieser Satzstruktur finden sich nur dort, wo die Äußerungen der Kinder reicher Leute indirekt wiedergegeben werden **(A)**. Das Verb, mit dem diese angezeigt werden, ist schlicht meinen/finden. Markiert man alle Verben farbig, so zeigt sich für die ersten drei Strophen ein gleichmäßiges/unregelmäßiges Bild, erst ab der dritten Strophe kommt ein wenig und in der letzten Strophe viel Bewegung hinein, in der fünften Strophe gibt es sogar ein Stilelement/Enjambement. Insgesamt wirkt die sprachliche Gestaltung sehr ruhig/unruhig und gefühlsbetont/sachlich. In der letzten Strophe wird sprachlich Unruhe/Gelassenheit spürbar.

(A) – Nicht mal ein Auto ...?

In Vers 5 und Vers 12 finden sich lautmalerische Wiederholungen von Buchstaben: (B). Liest man diese Verse laut, so hört man hier die Wertschätzung/Abneigung heraus, die das lyrische Ich der Lebenshaltung der Reichen entgegenbringt.

(B)

Eine weitere sehr deutliche Verwechslung/Wiederholung ist die der Zahl Vierzehn in der letzten Strophe: (C). Vierzehn Jahre alt sind die Jugendlichen, die sich hier auf Grund ihrer familiären Herkunft über die Lebenssituation der Armen erheben. In diesem Alter zeigen Heranwachsende für gewöhnlich großes Mitgefühl für andere Menschen, das erst im Erwachsenenalter nachlässt. Wenn die Kinder reicher Leute dies bereits mit vierzehn Jahren vermissen lassen, dann werden sie als Erwachsene vermutlich umso herzloser handeln. Die Wiederholung spricht also für eine gewisse Zustimmung/Empörung des lyrischen Ichs.

(C)

3 *Die ersten vier Strophen beginnen mit dem Personalpronomen „sie". Erkläre dessen Verwendung.*

Die Kinder reicher Leute tauchen in dem Gedicht selbst nur im Personalpronomen „sie" auf. Wer damit gemeint ist,

Tipp
- □ im Mittelpunkt stehen
- □ Distanz deutlich machen
- □ unter die Lupe nehmen

4 *a) Untersuche, ob sprachliche Bilder gegeben sind. Kreuze an.*

Es gibt ...	**ja**	**nein**
a) Metaphern.	□	□
b) Vergleiche.	□	□
c) Personifikationen.	□	□

b) Streiche im nachfolgenden Satz zur Wirkung Unzutreffendes.

Das Vorhandensein/Fehlen sprachlicher Bilder lässt den Sprachstil besonders sachlich/gefühlsbetont wirken.

5 *a) Markiere im Gedicht auffällige Begriffe aus der Alltagssprache.*
b) Erkläre den Zusammenhang zwischen der verwendeten Alltagssprache und dem Inhalt des Gedichts.

6 *Wie tritt das **lyrische Ich** in diesem Gedicht auf? Kreuze an.*

a) Das lyrische Ich berichtet, was es empfindet. ☐

b) Das lyrische Ich berichtet über seine Erfahrungen. ☐

c) Das lyrische Ich betrachtet die Situation neutral von außen. ☐

d) Das lyrische Ich beschreibt und beurteilt die Situation von außen. ☐

7 *Notiere in Stichworten, welche **Haltung** das lyrische Ich gegenüber den Kindern reicher Leute vertritt.*

Das lyrische Ich kritisiert, dass ...

Das lyrische Ich

In vielen Gedichten spricht ein „Ich" über seine Beobachtungen, Gedanken, Gefühle und Stimmungen. Dieses Ich ist nicht immer greifbar. Es kann auch von außen auf ein Geschehen blicken.
Das **lyrische Ich** darf nicht mit dem Autor/der Autorin verwechselt werden.

D Den Schreibplan aufstellen

1 *Formuliere unter Berücksichtigung des Tippkastens und deiner Notizen zum Inhalt auf Seite 60 eine **Einleitung**.*

Einleitung

Die **Einleitung** umfasst
- ☐ Textsorte,
- ☐ Titel,
- ☐ Autor/in,
- ☐ Jahr,
- ☐ Thema.

Zur Erarbeitung des **Hauptteils** siehe die ▷ Übungen auf den Seiten 61–62.

2 *a) Fasse kurz die wichtigsten Ergebnisse deiner Analyse zusammen: Inwieweit verstärken die formale und die sprachliche Gestaltung die inhaltliche Aussage?*

Sowohl die formale als auch die sprachliche Gestaltung wirken ausgesprochen sachlich und ruhig. Die Autorin verwendet zudem eine leicht verständliche Sprache ohne viele Bilder. Infolgedessen tritt der Inhalt des Gedichts in den Vordergrund. Dies spricht dafür, dass

Schluss

Für den Schluss beachte folgende Arbeitsschritte:
- ☐ Fasse die wichtigsten Ergebnisse aus dem Hauptteil zusammen.
- ☐ Nimm begründet Stellung zur zentralen Aussage des Gedichts.

b) Was ist die zentrale Aussage des Gedichts? Beschreibe sie kurz.

3 *Nimm begründet Stellung zur zentralen Aussage des Gedichts. Begründe deine Position (Meinung) mit Hilfe der Erfahrungen, die du selbst mit Kindern reicher Leute gemacht hast.*

4 *Verfasse nun auf Grundlage deiner Vorarbeiten und unter Berücksichtigung der Aufgabenstellung eine vollständige Gedichtanalyse. Achte dabei auf richtiges Zitieren (vgl. ▷ Umschlagseite 4).*

E Den eigenen Text überarbeiten

1 *a) Überprüfe deinen Aufsatz mit Hilfe der folgenden Checkliste und überarbeite ihn gegebenenfalls.*
b) Schätze deine Arbeit mit Hilfe des im Lösungsteil befindlichen Punkterasters ein.

☑ Checkliste „Gedichtanalyse"

	+	−
☐ Hast du die Schwerpunkte der Aufgabenstellung erfüllt?	☐	☐
☐ Gliederst du deine Analyse durch Absätze in Einleitung – Hauptteil – Schluss?	☐	☐
☐ Sind in der Einleitung Textsorte, Titel, Autor/in, Erscheinungsjahr und Thema benannt?	☐	☐
☐ Ist im Hauptteil der Inhalt der Strophen kurz zusammengefasst?	☐	☐
☐ Hast du die Überschrift berücksichtigt?	☐	☐
☐ Stellst du den Zusammenhang zwischen Form und Inhalt dar?	☐	☐
☐ Benennst du wichtige sprachliche Gestaltungsmittel und beschreibst deren Wirkung?	☐	☐
☐ Fasst du am Schluss die wesentlichen Ergebnisse zusammen?	☐	☐
☐ Zitierst du korrekt und gibst die Verse an?	☐	☐
☐ Hast du Rechtschreibung und Zeichensetzung überprüft?	☐	☐

Macht Fernsehen wirklich „dick, dumm, krank und traurig“? – Einen medialen Text analysieren

Analysiere den Text *Macht Fernsehen wirklich „dick, dumm, krank und traurig"?* von Stefan Aufenanger.

Gehe bei deiner Analyse folgendermaßen vor:
- Beschreibe, wie die Argumentation aufgebaut ist.
- Erläutere, wie der Verfasser seine Aussagen mit Argumenten stützt.
- Untersuche, durch welche sprachlichen Mittel er seine Leserschaft in die Argumentation einbezieht.

Nimm abschließend kurz dazu Stellung, inwiefern du die Position Aufenangers teilst. Beziehe dabei eigene Erfahrungen mit ein.

Stefan Aufenanger

Macht Fernsehen wirklich „dick, dumm, krank und traurig“?

1 Ein Spiegel-Artikel machte letzte Woche die Runde in der Presse. Darin wurde eine Studie von Christian Pfeiffer zitiert, wonach „übermäßiger Fernsehkonsum dick, dumm, krank und traurig“ mache. Pfeiffer ist Direktor des angesehenen Kriminologischen Forschungsinstituts Niedersachsen (KFN) und ist u. a. durch seine sehr differenzierten[1] Stellungnahmen zur Entwicklung der Kinder- und Jugendkriminalität bekannt geworden. Seine neuere Aussage passt in den Kontext[2] einer anderen Veröffentlichung, und zwar zu der von Manfred Spitzer, der in seinem Buch „Vorsicht Bildschirm“ eine ähnliche Aussage trifft: Fernsehen mache „dick, dumm und gewalttätig“.

2 Beide Aussagen werden medienwirksam in die Öffentlichkeit getragen und verunsichern und bestätigen zum Teil zugleich, was in den Köpfen vieler Pädagogen und Lehrpersonen schon als Meinung vorhanden ist: Es gibt gute Medien – das Buch – und es gibt schlechte Medien – zum Beispiel das Fernsehen – und man muss Kinder und Jugendliche vor den schlechten Medien schützen.

3 [...] Nehmen wir aber einmal an, die Daten [Pfeiffers] unterstützen eine Sichtweise, dass es eine Problemgruppe gibt – dies sind nach Pfeiffer die Jungen mit einem eigenen Fernsehapparat und einer eigenen Videospielkonsole in ihrem Zimmer –, die sich auf Grund ihrer Mediennutzung durch schlechte Schulleistungen auszeichnet. Dann fragt sich, ob die Folgerung, den Fernsehapparat und die Playstation aus dem Kinderzimmer zu verbannen, die ausreichende Antwort ist. Zum einen wissen wir aus vielen anderen internationalen Studien, dass das Fernsehen Wissen vermitteln und zum Lernen anregen kann. Schon die Begleitstudien zur „Sesame Street“[3] haben gezeigt, dass Kinder durch sie nicht nur kognitiv[4] angeregt werden und Zahlen und Buchstaben lernen, sondern auch prosoziale[5] Verhaltensweisen erwerben können. Eine Studie [...] hat sogar gezeigt, dass Highschool-Absolventen bessere Abschlüsse als andere haben, wenn sie in ihrer Kindheit häufiger „Sesame Street“ gesehen haben. Und lernen unsere Kinder nicht viel, wenn sie die „Lach- und Sachgeschichten“ mit „Der Maus“ verfolgen, wenn sie durch Peter Lustig[6] in „Löwenzahn“ angeregt werden, ihre Umwelt zu erkunden, oder wenn sie sich die Kindernachrichten „logo!“ anschauen und so Politik verstehen?

4 Es gibt momentan eine Vielzahl von Informations- und Wissenssendungen nicht nur für Kinder, sondern auch für Erwachsene, die Kinder gerne sehen. Sie bekommen

dort einen Einblick in die Welt wie sonst nie zuvor. [...] Und natürlich ist Fernsehen nicht nur ein kognitives Medium, sondern Mediennutzung hat immer einen emotionalen[7] Aspekt. Wir können in andere Welten fliehen, vor dem Alltag flüchten und uns mit Figuren aus Mediengeschichten identifizieren[8]. [...]

5 Nur noch eines zuletzt: Vielfach wird bemängelt, dass „Kinder nur noch vor dem Fernseher hocken würden“. Der Anstieg der Fernsehnutzung wird auch von Spitzer hervorgehoben. Dies stimmt aber definitiv nicht! Die Daten der Medienforschung [...] zeigen seit Anfang der 1990er-Jahre konstante Zeiten für die Mediennutzung von Kindern zwischen 6 und 13 Jahren bei ca. 95 Minuten täglich. Es gibt keinen Anstieg bei Kindern im Gegensatz zu Erwachsenen! Auch international liegen deutsche Kinder unter dem Durchschnitt. Nur zum Vergleich: Der europäische Durchschnitt lag 2001 für alle Kinder zwischen 6 und 13 Jahren bei 152 Minuten, für Deutschland, wie schon erwähnt, bei 95 Minuten. Und wenn wir unseren Blick auf Südkorea richten, einen der Gewinner der PISA-Studie, dann wird auch hier deutlich, dass eine einfache Korrelation[9] von Fernsehnutzung und Schulleistung nicht zu verallgemeinern ist. Die koreanischen Kinder schauen im Durchschnitt 148 Minuten pro Tag fern, sie verfügen häufig über einen eigenen Fernsehapparat und besitzen weltweit mit die meisten Videospielkonsolen.

6 [...] Die Forderung, keinen Fernsehapparat und keine Videospielkonsole bzw. Computerspiele für Kinder unter zehn Jahren im eigenen Kinderzimmer zuzulassen, erscheint mir jedenfalls nicht nur unrealistisch, sondern auch gefährlich. Gefährlich deshalb, weil sie möglicherweise das Gewissen der Eltern beruhigen könnte, mit der Auslagerung der „gefahrvollen“ Medien aus dem Kinderzimmer genug getan zu haben. [...] Fernsehen muss nicht dumm, dick, gewalttätig und traurig machen, wenn Eltern den Fernsehkonsum ihrer Kinder sinnvoll begleiten. Wenn dies geschieht, dann können sie aus dem Fernsehen auch etwas lernen. Sogar dann, wenn der Fernsehapparat in ihrem Zimmer steht. [...]

7 Was bleibt also? Die vorliegende Argumentation bezieht sich momentan nur auf das Fernsehen, sie muss um die Rolle der Videokonsolen und Computerspiele ergänzt werden. [...]

Stellungnahme für das WDR-Arbeitsbuch „Medienkompetenz“, 2005

1 **differenziert:** anspruchsvoll
2 **Kontext:** Zusammenhang
3 **„Sesame Street“:** „Sesamstraße“
4 **kognitiv:** die Erkenntnis betreffend
5 **prosozial:** Gegensatz zu *unsozial;* das Gemeinschaftsleben fördernd
6 **Peter Lustig:** moderierte die Sendung „Löwenzahn“ bis 2005
7 **emotional:** gefühlsbetont
8 **identifizieren:** sich in jmdn. hineinversetzen können
9 **Korrelation:** Wechselbeziehung, übereinstimmender Zusammenhang

A Die Aufgabe verstehen

1 *Markiere die Operatoren und Schlüsselbegriffe in der Aufgabenstellung auf Seite 65.*

2 *Hast du die Aufgabenstellung verstanden? Kreuze an.*

Du sollst ...	**richtig**	**falsch**
a) ... die Hauptaussagen und deren Begründungen darstellen.		
b) ... alle sprachlichen Mittel des Textes (z. B. die Metaphorik) genau untersuchen.		
c) ... die Position des Verfassers mit eigenen Worten wiedergeben.		
d) ... die sprachlichen Mittel mit Blick auf den Adressatenkreis untersuchen.		
e) ... zum Fernsehkonsum Jugendlicher kritisch Stellung nehmen.		
f) ... begründen, ob du dich Aufenangers Position anschließt oder nicht.		
g) ... einen Leserbrief zum Artikel verfassen.		

B Erstes Textverständnis

Den Inhalt des Textes erfassen

1 *Lies den Text von Stefan Aufenanger einschließlich der Fußnoten intensiv (vgl. Umschlagseite 4).*

2 *Hast du grundsätzlich verstanden, worum es in dem Text geht? Kreuze an.*

Der Verfasser ...	richtig	falsch
a) ... nimmt Bezug auf aktuelle Veröffentlichungen von Christian Pfeiffer und Manfred Spitzer.	☐	☐
b) ... greift Argumente der Diskussion über die Wirkung von Fernsehen auf.	☐	☐
c) ... nennt positive Auswirkungen von Fernsehen.	☐	☐
d) ... geht auf die Einbeziehung der Eltern in den TV-Konsum Jugendlicher ein.	☐	☐
e) ... kritisiert den übermäßigen TV-Konsum Jugendlicher.	☐	☐
f) ... fordert gesetzliche Regelungen für den TV-Konsum Jugendlicher.	☐	☐
g) ... betrachtet den Fernsehkonsum im Kontext mit anderen Medien (z. B. Videospielen, Computerspielen).	☐	☐

Den Aufbau des Textes untersuchen

3 *Nummeriere die Zwischenüberschriften in der Reihenfolge, in der sie im Text vorkommen. Ergänze die Zeilenangaben.*

☐ (Z. ___–___) (a) Vermittlung von Wissen und vorbildlichem Verhalten durch das Fernsehen

☐ (Z. ___–___) (b) Fernsehkonsum und seine Folgen im internationalen Vergleich

☐ (Z. ___–___) (c) Ausblick und weitergehende Fragestellung

1 (Z. 1–8) (d) Bezug zu aktuellen Veröffentlichungen von Pfeiffer und Spitzer

☐ (Z. ___–___) (e) Emotionale Bedeutung des Fernsehens

☐ (Z. ___–___) (f) Zusammenfassende Darstellung der Position von Pfeiffer und Spitzer

☐ (Z. ___–___) (g) Rolle der Eltern bei der Medienerziehung

4 *Mache dir abschließend den argumentativen Aufbau des Textes klar. Übertrage dazu das folgende Flussdiagramm großzügig in dein Heft und ergänze die Zwischenüberschriften des Textes (vgl. Aufgabe 3).*

Einleitung / Ausgangspunkt

...

↓

Hauptteil (Pro-/Kontra-Argumente)

...

↓

Schlussfolgerung / Fazit

...

Die Intention des Textes erfassen

5 *Im Text stellt Stefan Aufenanger in Absatz 6 zwei Forderungen auf. Gib diese beiden Forderungen mit deinen eigenen Worten wieder.*

a) Die Eltern müssen ... ______________________

____

____

b) Es reicht nicht, nur ... ______________________

____

____

C Übungen

Die Intention des Verfassers erkennen

1 *Stefan Aufenanger befasst sich mit Medien, ihrer Wirkungsweise und mit Fragestellungen, die sich daraus für die Schule ergeben. Woran wird seine sachliche und kritische Haltung deutlich, woran nicht? Kreuze an.*

Der Verfasser ...	richtig	falsch
a) ... argumentiert sachlich.	☐	☐
b) ... stellt ausschließlich seine Position argumentativ dar.	☐	☐
c) ... wertet andere Positionen in provokativer Weise ab.	☐	☐
d) ... verwendet fachsprachliche Ausdrücke.	☐	☐
e) ... führt statistische Daten an.	☐	☐
f) ... zitiert seine Quellen.	☐	☐

Den Adressatenkreis in den Blick nehmen

2 *Für das Verständnis eines Textes ist neben dem Verfasser auch der mögliche Adressatenkreis von Bedeutung. Kreuze an:* Der Text von Stefan Aufenanger richtet sich vor allem an ...

a) ☐ TV-Geräte-Hersteller und Medienunternehmen.

b) ☐ Polizisten und Kriminologen.

c) ☐ Kinder und Jugendliche, die oft fernsehen.

d) ☐ Medieninteressierte, wie z. B. Psychologen, Bildungsforscher und auch Eltern.

Tipp

An wen ein Text gerichtet ist, erkennst du oft an ...
- ☐ ... der Sprachebene (Standard-, Umgangs- oder Fachsprache).
- ☐ ... dem Satzbau (einfache Sätze, komplexe Schachtelsätze).
- ☐ ... der Anrede im Text („ihr", „Sie").
- ☐ ... den inhaltlichen Schwerpunkten.

3 *Begründe deine Einschätzung kurz mit Hilfe des Tipps.*

Sowohl ______________________ als auch ______________________

______________________ passen zu der Zielgruppe. ______________________

Den Argumentationsaufbau genauer analysieren

Tipp
Eine These ist z. B.:
- ☐ eine Behauptung,
- ☐ ein Werturteil,
- ☐ eine Empfehlung,
- ☐ eine Forderung.

4 *In den ersten beiden Absätzen (**Einleitung**) wird jeweils eine These formuliert. Notiere sie und bestimme anschließend mit Hilfe des Tipps, um was für eine Art These es sich jeweils handelt.*

a) Mit welcher These Pfeiffers setzt sich der Verfasser auseinander? Zitiere wörtlich (aus Absatz 1). Der Tipp auf Seite 72 hilft dir dabei.

Pfeiffer sagt, dass ... ______________________

____

Art der These: ______________________

b) Welche verallgemeinernde Aussage leitet der Verfasser daraus ab? Zitiere die Schlüsselwörter (aus Absatz 2).

____

____

Art der These: ______________________

5 *Warum ist **Pfeiffer** bei der Diskussion über Fernsehkonsum so bedeutsam? Aufenanger nennt in Absatz 1 indirekt drei Gründe dafür. Notiere sie und erläutere sie kurz.*

1. Grund: Pfeiffer ist Direktor des KFN. Als Kriminologe ... ______________________

____

2. Grund: ______________________

____

3. Grund: ______________________

____

6 *a) **Pfeiffer** hat eine konkrete Folgerung geäußert, auf die sich die Argumentation in den Absätzen 3–5 bezieht. Notiere sie.*

Pfeiffer fordert, dass ... ______________________

____

b) Nenne die Art dieser These von Pfeiffer: ______________________

7 *Welche Argumente gegen Pfeiffers Forderung werden von **Aufenanger** vorgebracht?*
a) Ergänze die Tabelle auf Seite 70 mit den passenden Stichwörtern aus dem Wortspeicher.
b) Ergänze in der dritten Spalte die entsprechenden Zeilennummern aus dem Text (S. 65–66).

Wortspeicher

Fernsehen Wissen „Sesame Street“ (2 x) Highschool-Absolventen Beispiele (3 x)
Verhalten Schulleistungen Identifikation 1990er-Jahre Südkorea

Argumente	Belege	Zeile
1 Fernsehen kann auch	□ Internationale Studien	Z. 20 ff.
______________ vermitteln.	□ Begleitstudie zur ______________	Z. ...
	□ ______________ aus dem TV-Programm	______
2 ______________ kann lernanregend sein.	□ Internationale Studien	______
	□ Beispiel: Studie über ______________	______
	□ ______________ aus dem TV-Programm	______
3 Fernsehen kann soziales	□ Internationale Studien	______
______________ fördern.	□ Begleitstudie zur ______________	______
	□ ______________ aus dem TV-Programm	______
4 Fernsehen ist auch emotional bedeutsam.	□ Beispiele: Flucht aus dem Alltag, ______________ mit Charakteren	______
5 Übermäßiger Fernsehkonsum führt nicht unbedingt zu schlechten	□ Daten der Medienforschung: 1. kein Anstieg bei TV-Konsum von	
	Kindern seit den ______________; 2. PISA-Studie: Kinder in	______
______________.	______________ schauen mehr TV, besitzen eigene Apparate usw.	______

Sprachliche Gestaltungsmittel und ihre Wirkung untersuchen

8 *Um die Leserinnen und Leser anzusprechen, gibt es einige sprachliche Mittel, die besonders wirkungsvoll eingesetzt werden können. In Aufenangers Text kommen drei sprachliche Mittel vor. Kreuze an.*

In Aufenangers Text gibt es ...	richtig	falsch
a) ... Apostrophe (direkte Anrede, z. B. „Geneigte Leserinnen und Leser ...“).	□	□
b) ... rhetorische Fragen (Scheinfragen, deren Antwort bereits feststeht).	□	□
c) ... offene Fragen (oft eine W-Frage, die zum Nachdenken anregt).	□	□
d) ... Personal- und Possessivpronomen in der 1. Pers. Plural („wir“, „unser“).	□	□

9 *Ordne mit Hilfe von Pfeilen zu: Welche Wirkung haben die sprachlichen Mittel?*

(1) Apostrophe (direkte Anrede)	a) Die Leserin/Der Leser fühlt sich durch die Frage weniger eingeengt, da sie/er genügend Spielraum für eine mögliche Antwort hat.
(2) rhetorische Fragen	b) Die Überlegungen des Verfassers scheinen mit denen der Leserin/des Lesers übereinzustimmen; ein „Wir-Gefühl“ entsteht.
(3) offene Fragen	c) Die Leserin/Der Leser fühlt sich angesprochen und aufgewertet.
(4) Personal- u. Possessivpronomen („wir“, „unser“)	d) Die Frage wirkt wie eine umgestellte Behauptung, der die Leserin/der Leser unterbewusst zustimmt.

D Den Schreibplan erstellen

1 *Plane nun den Aufbau deiner Analyse. Welche Aspekte gehören in die Einleitung, welche in den Hauptteil, welche in den Schlussteil? Ordne die Aspekte rechts sinnvoll zu und nummeriere sie gegebenenfalls.*

Einleitung: ______________________________

____

____

Hauptteil: ______________________________

____

____

____

Schluss: ______________________________

____

Analyse
- ☐ Eigene Stellungnahme
- ☐ Darstellung des Argumentationsaufbaus
- ☐ Intention
- ☐ Verfasser und Adressat
- ☐ Titel
- ☐ Quelle und Textsorte
- ☐ Wiedergabe der zentralen These
- ☐ Wiedergabe der Argumente und ihrer Belege
- ☐ Sprachliche Auffälligkeiten
- ☐ Fazit

2 *Erstelle auf einem DIN-A4-Blatt einen Schreibplan: Liste in Tabellenform stichpunktartig die wesentlichen Ergebnisse auf. Nutze dafür dein Flussdiagramm (s. Aufgabe 4, Seite 67) und die anderen Vorarbeiten.*

Die Einleitung formulieren

3 *Lies die folgenden Einleitungen. Prüfe mit Hilfe der Tabelle darunter, ob sie alle wichtigen Informationen enthalten.*

A
Ausgangspunkt des Essays von Stefan Aufenanger ist eine neue Studie von Christian Pfeiffer über die Auswirkungen des Fernsehkonsums auf Kinder und Jugendliche, v. a. auf Jungen. Aufenanger versucht in seinem Text, Pfeiffers Hauptthese zu entkräften.

B
In seinem Essay „Macht Fernsehen wirklich ‚dick, dumm, krank und traurig'?" richtet sich Stefan Aufenanger an Medieninteressierte und fordert diese auf, den Fernsehkonsum von Kindern und Jugendlichen unter anderen Gesichtspunkten zu betrachten.

C
Stefan Aufenanger setzt sich in seiner Stellungnahme für das WDR-Arbeitsbuch „Medienkompetenz" mit der Position und Argumentation Christian Pfeiffers auseinander und fordert Medieninteressierte zu einer differenzierten Betrachtung auf.

Verfasser	Adressat	Titel	Quelle	Textsorte	zentrale These
A, ...					

4 *Verfasse selbst eine Einleitung, die alle wichtigen Informationen enthält, auf einem gesonderten DIN-A4-Blatt.*

Das Beste zum Schluss: Stellung nehmen

5 *a) Fasse die wesentlichen Ergebnisse deiner Analyse im Schlussteil zusammen (auf einem gesonderten DIN-A4-Blatt). Überlege auch, wie du geschickt zu deiner eigenen Stellungnahme überleiten kannst. Du kannst den Wortspeicher verwenden.*

Wortspeicher
Ich schließe mich Aufenangers Meinung an ...
Ich stimme Aufenanger in dem Punkt zu, dass ...
Ich kann mich Aufenangers Meinung nicht anschließen ...
Ich vertrete eine andere Meinung als Aufenanger ...

b) Entwirf für deine Stellungnahme ein Cluster zum Thema „Auswirkungen des Fernsehens". Beziehe neben den für dich wesentlichen Argumenten aus dem Text auch eigene Beobachtungen und Erfahrungen mit ein.

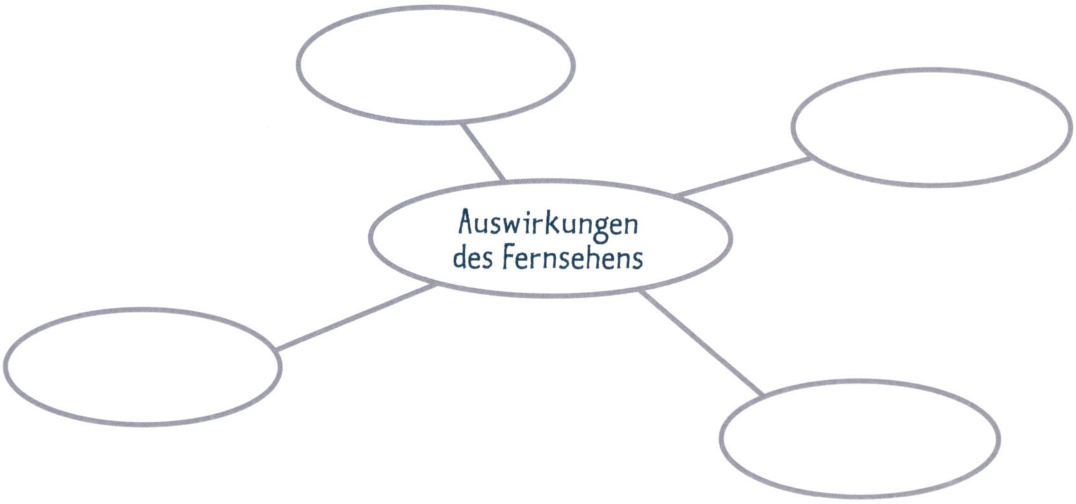

6 *Verfasse nun mit Hilfe deiner Vorarbeiten eine Analyse im Sinne der Aufgabenstellung. Achte dabei auch auf korrektes Zitieren. Der folgende Tipp hilft dir.*

Zitieren

- ☐ Wörtlich übernommene Auszüge kennzeichnet man durch Anführungszeichen, z. B.: *Der letzte Absatz beginnt mit der offenen Frage: „Was bleibt also?"* (Z. 57)
- ☐ Wird eine Textstelle mit Auslassungen zitiert, müssen diese durch Klammern und Auslassungspunkte [...] kenntlich gemacht werden, z. B.: *Aufenanger meint: „Eine Studie [...] hat sogar gezeigt, dass Highschool-Absolventen bessere Abschlüsse als andere haben [...]"* (Z. 23–24).
- ☐ Nach den abschließenden Anführungszeichen folgt bei jedem Zitat die Zeilenangabe in Klammern (s. o.).

E Den eigenen Text überarbeiten

1 *Überarbeite deine Arbeit mit Hilfe der Checkliste.*

☑ Checkliste „Analyse eines medialen Textes"

Kreuze an. Hast du ...

		+	−
Inhalt	☐ ... die Schwerpunkte der Aufgabenstellung erfüllt?	☐	☐
Einleitung	☐ ... Verfasser, Adressat, Titel, Quelle, Textsorte und die Kernaussage genannt?	☐	☐
Hauptteil	☐ ... den Aufbau des Textes dargestellt?	☐	☐
	☐ ... die Intention des Textes erfasst und verdeutlicht?	☐	☐
	☐ ... den Argumentationsaufbau genau nachvollzogen?	☐	☐
	☐ ... auffällige sprachliche Mittel benannt und ihre Wirkung dargestellt?	☐	☐
	☐ ... korrekt zitiert und die Zeilen angegeben?	☐	☐
Schluss	☐ ... die wesentlichen Ergebnisse im Schlussteil zusammengefasst?	☐	☐
	☐ ... Stellung genommen und dabei eigene Erfahrungen usw. einbezogen?	☐	☐
	☐ ... deine Stellungnahme sinnvoll mit der Zusammenfassung verknüpft?	☐	☐
Sprachrichtigkeit	☐ ... Rechtschreibung und Zeichensetzung überprüft?	☐	☐

Die Sprache der Schulhöfe – Zu Medientexten Stellung nehmen

Soll auf dem Schulhof nur Deutsch gesprochen werden?

Mit der Vereinbarung, auf dem Schulhof nur Deutsch zu sprechen, haben zwei Berliner Schulen eine Debatte ausgelöst: Manche sehen darin einen Beitrag zur besseren Eingliederung, andere zur weiteren Ausgrenzung fremdsprachiger Schüler/innen.

1. Stelle die zentralen Aussagen der Materialien M1–M3 knapp und präzise dar.
2. Vergleiche die Aussagen der Materialien M1 und M2.
3. Berücksichtige deine eigenen Beobachtungen und Erfahrungen und nimm Stellung zur Ausgangsfrage.

M1

Im Schutz der Muttersprache

Die Deutschpflicht auf Schulhöfen ist pädagogisch[1] falsch und schadet der Integration[2] von Zuwanderern

Lale Akgün

Die Muttersprache hat etwas Schützendes und Bergendes und das Verbot der Muttersprachen kann Schüler aus Einwandererfamilien nur verunsichern. Verunsicherung aber hemmt die Entwicklung des Kindes und kann deshalb pädagogisch nicht erwünscht sein. Wenigstens die Schule sollte ein Schutzraum sein, in dem sich Kinder und Jugendliche vor ethnischer und sozialer Diskriminierung[3] sicher fühlen dürfen.

Zugleich wirkt eine „Deutschpflicht" abstrus[4] angesichts der Diskussionen über den frühkindlichen Fremdspracherwerb, am besten schon im Kindergarten. Die gleichen Intellektuellen[5], die sich für Deutsch auf Schulhöfen aussprechen, geben viel Geld dafür aus, um ihre Kinder zum Fremdsprachenlernen ins Ausland zu schicken.

Wichtig bei Zweisprachigkeit ist allerdings, dass beide Sprachen fehlerfrei beherrscht werden. Hörte man auf die Wissenschaft, so müsste man genau umgekehrt vorgehen; wie im Wedding geschehen: Idealerweise müsste ein Lehrer über den Schulhof gehen und die Erstsprachen der Kinder verbessern. Erst ein fehlerfreies Türkisch, Russisch oder Arabisch macht ein gutes Deutsch als Zweitsprache möglich und vice versa[6].

Mangelnde Sprachkenntnisse sind kein Ausdruck für ein

Leben in der Parallelgesellschaft[7]. Sie haben mit Bildungsdefiziten[8] und sozialer Benachteiligung zu tun. [...]

Wem es um die Verbesserung der Bildungschancen von Migranten[9] geht, der muss die einzige Ressource[10], welche diese als Plus gegenüber den deutschen Jugendlichen haben, fördern: ihre Mehrsprachigkeit.

Frankfurter Rundschau, 28. 01. 2006

1 **pädagogisch:** erzieherisch
2 **die Integration:** Eingliederung
3 **ethnische, soziale Diskriminierung:** Benachteiligung als Volks- und Altersgruppe
4 **abstrus:** unverständlich
5 **der/die Intellektuelle:** Gebildete/r
6 **vice versa:** umgekehrt
7 **die Parallelgesellschaft:** bewusste Abkapselung einer (Volks-)Gruppe
8 **das Defizit:** Mangel
9 **der Migrant:** Zuwanderer (aus dem Ausland)
10 **die Ressource:** Hilfsmittel, Angebot

M2

Erfolgreich mit gutem Deutsch

Es nützt Ausländerkindern, auf dem Schulhof die Sprache der Mehrheitsgesellschaft zu sprechen

Maria Böhmer

Der Schlüssel für die Integration in Beruf und Gesellschaft sind gute deutsche Sprachkenntnisse. Deshalb ist es auch wichtig, dass Einwandererkinder die Sprache im Alltag und in Schulpausen anwenden.

Dabei geht es um eine Binsenweisheit[1]: Spracherwerb findet nicht allein im Unterricht statt. Der häufige Gebrauch einer Sprache festigt und sichert die im Unterricht erworbenen Kenntnisse und Fertigkeiten. Doch gerade für Migrantenkinder sind die Gelegenheiten, Deutsch zu sprechen, oft rar. Daher ist insbesondere an Schulen mit einem hohen Anteil von Migrantenkindern diese Selbstverpflichtung zum Deutschsprechen angemessen, um das sprachliche Lernumfeld zu erweitern und Deutsch im Alltag der Schülerinnen und Schüler stärker zu verankern. „Ja" zu Deutsch im gesamten schulischen Leben heißt auch „Ja" zur Integration. Eine Schulleiterin nennt die Vereinbarung, auf dem Schulhof nur noch Deutsch zu sprechen, daher auch einen „Akt der Höflichkeit".

Gute Deutschkenntnisse sollen aber vor allem auch eine bessere Bildung und bessere Teilhabechancen sichern. Wenn nach der PISA-Studie[2] die Hälfte der in Deutschland geborenen türkischen Jugendlichen bei den Tests für Lesefähigkeit nicht die niedrigste „Kompetenzstufe 1"[3] erreicht, wird das Ausmaß der „Sprachnot" deutlich. Sprachkenntnisse sind das A und O[4], um den Weg in unsere Gesellschaft zu ebnen. Ob in der Schule, in der Ausbildung; im Berufs- oder im Alltagsleben – in allen Lebensbereichen entscheiden die Deutschkenntnisse über die Chancen auf wirkliche Teilhabe und Integration.

Das wissen nicht zuletzt die Schülerinnen und Schüler selbst. Dass hier ein richtiger Weg beschritten wird, zeigt eben auch die Akzeptanz[5] dieser Regelung bei den Schülerinnen und Schülern wie bei den Eltern.

Frankfurter Rundschau, 28. 01. 2006

1 **die Binsenweisheit:** Selbstverständlichkeit
2 **die PISA-Studie:** internationaler Schülertest
3 **die Kompetenz:** Fähigkeit
4 **das A und O:** wichtige Voraussetzung
5 **die Akzeptanz:** Zustimmung

M3

Von 100 Schulabgänger/inne/n haben ...

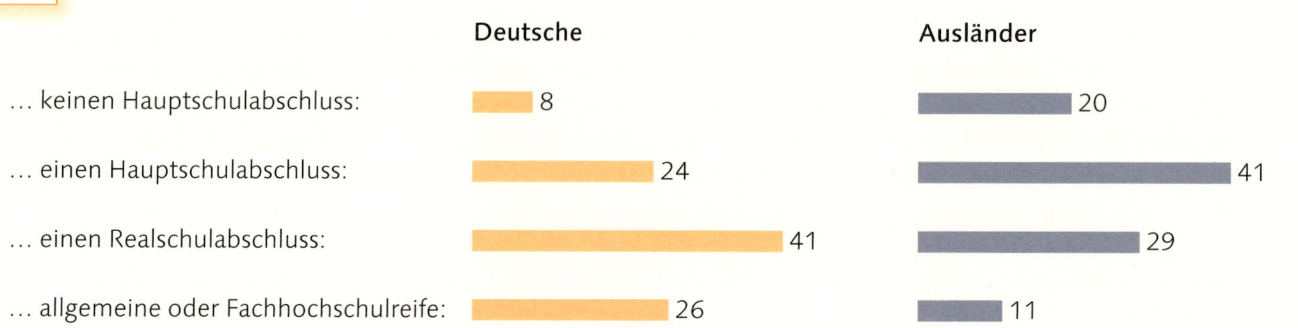

Schuljahr: 2001/02; Statistisches Bundesamt

A Die Aufgabe verstehen

1 *Kreuze die richtige Lösung an.*

Bei dieser Klassenarbeit sollst du ...

a) ☐ begründen, warum auf dem Schulhof nur Deutsch erlaubt ist.

b) ☐ möglichst knapp deine Meinung sagen, ohne Gründe zu nennen.

c) ☐ von den Materialien M1–M3 nur das beste Material untersuchen.

d) ☐ dein Urteil abgeben, begründen und mit Beispielen belegen.

B Erstes Textverständnis – Stoff sammeln

1 *Wähle M1* ***oder*** *M2 und lege einen Cluster dazu an.*

a) Schreibe alle Gesichtspunkte heraus, die die zentrale Position des von dir ausgewählten Zeitungsartikels stützen.
b) Ergänze eigene Gedanken und Beispiele.

2 *Nimm jetzt den Zeitungsartikel, den du* ***nicht*** *in Aufgabe 1 ausgewählt hast.*
Schreibe zu jedem Absatz eine ***Zwischenüberschrift****.*

____

____

____

____

C Übungen

Die zentralen Aussagen von M1–M3 herausarbeiten

1 *Versuche, die folgende Wiedergabe von M1 so knapp wie möglich zu ergänzen. Schreibe nach Möglichkeit mit deinen eigenen Worten.*

Lale Akgün schreibt in ihrem Artikel (M1), dass die Muttersprache ____________________

____

____

und deshalb nicht ____________________

____

Sie empfiehlt vielmehr ____________________

____

____

____

2 *Beantworte die folgenden Fragen so knapp wie möglich mit Hilfe von M2 (S. 74); notiere die Fundstelle (Zeilenangabe).*

a) Was ist der Schlüssel für die Integration?

____

b) Was entscheidet über die Chancen in allen Lebensbereichen?

____

c) Was hilft dabei, Deutsch im Schüleralltag zu verankern?

____

3 *Schau dir das Diagramm M3 (S. 74) noch einmal genau an.*
a) Verbinde die passenden Aussagen-Teile der linken und rechten Hälfte durch eine Linie.

(1) Bei den niedrigen oder fehlenden Schulabschlüssen ...

(2) Zu Deutschkenntnis und Schulerfolg ...

(3) Bei den höheren Schulabschlüssen ...

(a) ... sagt die Grafik gar nichts.

(b) ... liegen ausländische Schüler/innen an der Spitze.

(c) ... führen deutsche Schüler/innen.

(d) ... kann man dem Balkendiagramm nur Ungenaues entnehmen.

b) Rechts bleibt eine Formulierung übrig. Streiche sie durch.

M1 und M2 vergleichen

4 *Ergänze die folgenden Aussagen.*

Die Zeitungsartikel von L. Akgün und M. Böhmer weisen ______________ Gemeinsamkeiten auf.

L. Akgün schreibt, dass man bei nicht-deutschen Jugendlichen ihre ________________________ fördern muss (Z. _____).

Dagegen begrüßt M. Böhmer bei Migrantenkindern die Selbst...____ (Z. _____).

Stellung nehmen

Lale Akgün	Maria Böhmer

Hier hat Recht ...

5 *Fülle die Tabelle aus.*
Lies dazu noch einmal M1 und M2 (S. 73/74).

6 *Soll auf dem Schulhof nur Deutsch gesprochen werden?*
a) Nimm ein DIN-A4-Blatt und notiere darauf alle Gedanken, Beispiele und persönlichen Erfahrungen, die dir dazu einfallen (5 Minuten „Brainstorming").
b) Ordne deine Notizen zum Beispiel nach ...
- ☐ *PRO – KONTRA*
- ☐ *besonders wichtig – weniger wichtig*
- ☐ *Allgemeines – Besonderes*
- ☐ *Behauptung/These – gutes Beispiel dafür*

D Einen Schreibplan aufstellen

Bei dieser Arbeit ist der Schreibplan ganz einfach: Du musst nur der Reihenfolge 1–2–3 der Aufgabenstellung auf Seite 73 folgen.

1 *Mit welchem Satz als* ***Einleitung*** *möchtest du beginnen, bevor du Aufgabe 1 bearbeitest? Hier drei Möglichkeiten:*
- ☐ *Zitiere eine Meinung, die du gelesen oder (im Radio/Fernsehen) gehört hast.*
- ☐ *Erwähne ein persönliches Erlebnis.*
- ☐ *Du kannst aber auch direkt mit Aufgabe 1 beginnen.*

2 *Bearbeite nun die Aufgabe von S. 73 zur Sprache auf dem Schulhof, indem du einen zusammenhängenden Text schreibst (benutze dein Heft, wenn der Schreibraum nicht reicht):*

____

____

____

____

____

____

____

____

____

____

____

E Den eigenen Text überarbeiten

1 *Lies deinen vollständigen Textentwurf zur Sprache auf dem Schulhof noch einmal aufmerksam und erledige folgende Aufgaben. Ist die Durchführung der Aufgaben möglich oder nicht?*

	möglich	nicht möglich
☐ Markiere in deinem Text, wo du die zentrale(n) Aussage(n) von M1, M2 und M3 kurz wiedergegeben hast.	☐	☐
☐ Kreuze an, an welcher Stelle du M1 und M2 verglichen hast.	☐	☐
☐ Unterstreiche deine Antwort auf die zentrale Frage nach der Sprache auf dem Schulhof.	☐	☐
☐ Markiere deine verschiedenen Gründe und Beispiele, die du anführst.	☐	☐

2 *Überall, wo du „nicht möglich" angekreuzt hast, musst du deinen Textentwurf noch einmal überarbeiten. Vergleiche dazu auch die Umschlagseiten 3–5.*

Zacharias Zacharakis: Second Life – Testaufgaben trainieren

In diesem Kapitel kannst du verschiedene **Aufgabenformate** üben, die in der zentralen Prüfung der Klasse 10 vorkommen können. Alle diese Aufgabenformate (Auswahl-, Einsetz-, Richtig-Falsch-, Zuordnungs- oder Kurzantwortaufgaben) prüfen, wie genau und sorgfältig du den zu Grunde liegenden Text gelesen hast. Lies daher so intensiv (vgl. Umschlagseite 4), dass du anschließend weißt, in welchem Textabschnitt du eine Information schnell nachprüfen kannst; denn du hast für die Lösung aller Aufgaben in der Prüfung nur 30 Minuten Zeit.

Lies den Text *Second Life* von Zacharias Zacharakis intensiv und bearbeite anschließend die Aufgaben dazu auf den Seiten 80–87.

SECOND LIFE

von Zacharias Zacharakis

1 In dieser Welt gelingt alles, was im wahren Leben oft ein Wunsch bleibt. Die Bewohner von „Second Life" basteln sich im Internet ein zweites Ich: Sie erfinden ein neues Aussehen für sich, verdienen echtes Geld und treffen sich abends […]. Seit Oktober 2006 ist die Einwohnerzahl in „Second Life" von einer Million auf jetzt knapp drei Millionen gestiegen. Eine solche Geburtenrate wäre für Deutschland wohl zu viel des Guten. Avatare[1] leben hier. Das sind die virtuellen Figuren der Mitglieder in diesem Online-Portal[2], das die amerikanische Programmierfirma Linden Lab im Jahr 2003 auf den Markt gebracht hat. Seitdem wächst der virtuelle Kosmos rasant.

2 Als Neuling betritt man „Second Life" im weißen T-Shirt und mit Bluejeans – wenn man den kostenlosen Basiszugang ausgewählt hat. Dazu muss eine Kunden-Software auf dem eigenen Rechner installiert werden. Wenn der Internetzugang eine Übertragungsgeschwindigkeit von mindestens 256 Kilobytes pro Sekunde gewährleistet, kann mit dem Aufbau des neuen Images[3] in der Parallelwelt begonnen werden. Auch hier gilt: Kleider machen Leute. Frisuren und Modeartikel müssen sich die Avatare kaufen; bei Designern und in Modegeschäften, wie im wirklichen Leben mit wirklichen Dollars. Der Wechselkurs für einen echten Dollar beträgt derzeit rund 270 Linden-Dollar. Dafür kann man sich auch Markenprodukte kaufen: virtuelle Schuhe von Adidas, Hosen von American Apparel oder ein Auto von Toyota. Ein T-Shirt kostet je nach Marke und Design um die 100 Linden-Dollar, umgerechnet knapp 40 Euro-Cent. Nachrichten aus „Second Life" liefern täglich Magazine von Reuters[4] und des Axel-Springer-Verlags. Sony BMG[5] veranstaltet Konzerte. Die internationalen Konzerne haben den neuen Markt schnell entdeckt und Filialen darin aufgebaut.

3 Die Bewohner von „Second Life" geben nicht nur Geld aus, sie verdienen auch welches. Mit einer Premium-Mitgliedschaft für 9,95 US-Dollar monatlich kann man sich häuslich niederlassen oder ein Geschäft eröffnen. Viele entdecken im zweiten Leben ihre künstlerische Ader. Sie entwerfen mit der benutzerfreundlichen Oberfläche aus einfachen geometrischen Formen virtuelle Kleidung, die sie verkaufen. Möbel und fantastische Fahrzeuge entstehen so, Häuser und Immobilien, mit denen in „Second Life" gehandelt wird. Die Bewohner setzen auf diese Weise jeden Tag mehr als eine halbe Million harter US-Dollar um. Ein ganzes Immobilienimperium hat sich eine Deutsch-Chinesin aus Hessen im Spiel aufgebaut: Sie beschäftigt inzwischen 30 Mitarbeiter und verdient damit ihren realen Lebensunterhalt.

4 Nach Feierabend treffen sich die Avatare in Clubs und Diskotheken. Bevorzugtes Fortbewegungsmittel ist Fliegen, das kann hier jeder von Geburt an. So schweben lauter perfekt ge-

stylte Schönmenschen zu Konzerten und Partys ein. Wer im echten Leben mit seinem Äußeren hadert[6], strotzt hier mit dem Cyber-Ich vor Selbstbewusstsein. Geflirtet wird über Chat. Nach der Disko kann der Abend auch sehr privat enden. [...]. Das alles nimmt im realen Leben viel Zeit in Anspruch – es herrscht akute Suchtgefahr.

5 Nach der Wirtschaft [...] hält auch die Politik Einzug in die zweite Welt. Die Regierung von Schweden kündigte kürzlich die Eröffnung einer offiziellen Botschaft an und in einer Kopie des Capitols[7] tagen Replikate von Abgeordneten des US-Kongresses. Die erste Demonstration von Avataren auf den Straßen von „Second Life" richtete sich gegen die Einrichtung einer Vertretung der rechtsextremen Partei „Front National" aus Frankreich. Bleibt die Frage, wann Bundeskanzlerin Angela Merkel ihr Büro im zweiten Leben einweiht.

aus: http://www.stern.de/computer-technik/computer/581680.html?q=second%20life; (16. Januar 2008)

1 **Avatar:** virtueller Stellvertreter, grafische Spielfigur
2 **Online-Portal:** Zugangsmöglichkeit im Internet
3 **Image:** Ruf, Ansehen; hier: Erscheinungsbild
4 **Reuters:** weltweit größte Nachrichtenagentur
5 **Sony** BMG: internationales Musiklabel
6 **hadern:** unzufrieden sein
7 **Capitol:** Sitz der Regierung der USA

Multiple-Choice-Aufgaben

Tipp

Bei einer **Multiple-Choice-Aufgabe** musst du unter mehreren Lösungen die richtige auswählen und ankreuzen. Hier gibt es immer **nur eine richtige Antwort.** In seltenen Fällen wirst du nach der **falschen** Aussage gefragt. Auch hier darfst du nur **ein** Kreuz setzen.

HINWEIS: Aufgaben, die dir nicht ganz falsch, aber auch nicht ganz richtig vorkommen, kreuze nicht an.

1 *Das Internet erfreut sich im Bereich der Medien immer größerer Beliebtheit. Hierzu zählt auch die Internet-Plattform „Second Life". Kreuze die* ***richtige Antwort*** *an.*

„Second Life" ist ...

a) ☐ ... ein Computerspiel für Senioren, das besonders altersgerecht gestaltet ist.

b) ☐ ... ein Testprogramm der US-amerikanischen Industrie für Roboterforschung.

c) ☐ ... die fortgeführte Fassung des Online-Portals „First Life", das noch erfolgreicher war.

d) ☐ ... eine Welt im Internet, in der die Nutzer mit einer selbst geschaffenen Identität agieren. 0,5 P.

2 *Ohne „Avatare" wäre „Second Life" nicht lebensfähig. Kreuze an: Welche dieser Aussagen* ***trifft zu?***

a) ☐ Der Name der Hauptstadt in dem Online-Spiel „Second Life" lautet Avatar.

b) ☐ Ein Avatar ist der grafische Stellvertreter einer echten Person in einer virtuellen Welt.

c) ☐ Avatar ist die gebräuchliche Währung, mit der man in „Second Life" Geschäfte tätigt.

d) ☐ Avatar ist der Firmenname einer US-amerikanischen Softwarefirma. 0,5 P.

3 *Das Beispiel „Second Life" zeigt, dass das Internet das Leben seiner Benutzer beeinflussen kann. Kreuze an: Welche Behauptung* ***stimmt nicht*** *mit den Aussagen im Text* ***überein?***

a) ☐ Im Oktober 2006 lag die Einwohnerzahl in der von Linden Lab geschaffenen Welt bei einer Million.

b) ☐ In der Ersatzwelt von „Second Life" schaffen sich die Bewohner eine neue Identität.

c) ☐ Seit Einführung von „Second Life" ist die Geburtenrate in Deutschland deutlich angestiegen.

d) ☐ Wünsche des realen Lebens lassen sich in der virtuellen Welt von „Second Life" verwirklichen. 0,5 P.

4 *Kreuze an: Welche der folgenden Begründungen für den Erfolg von „Second Life" **stimmt nicht** mit den Aussagen im Text **überein**?*

a) ☐ Computer-Süchtigen wird auf dieser Internet-Plattform durch intensives Mitmachen geholfen.
b) ☐ „Second Life" bietet für Firmen und Privatpersonen Chancen, reales Geld zu verdienen.
c) ☐ Man kann dort sein aktuelles Äußeres verändern, um als Avatar in der Parallelwelt zu leben.
d) ☐ Die Bewohner von „Second Life" schaffen sich eine virtuelle Realität, die sie glücklich macht.

0,5 P.

Richtig-Falsch-Aufgaben

Tipp

Bei einer **Richtig-Falsch-Aufgabe** musst du entscheiden, ob eine Aussage richtig oder falsch ist, ob sie zutrifft oder nicht, im Text steht oder so nicht aus dem Text zu entnehmen ist. Oft hängt die Entscheidung für „richtig" oder „falsch" nur von einem Wort oder einer kleinen Formulierung ab. Lies deshalb sehr genau!

HINWEIS: Bei dieser Aufgabenart musst du **für jede Aussage ein Kreuz** an der entsprechenden Stelle (richtig / falsch; trifft zu / trifft nicht zu usw.) setzen.

1 *Welche Aussagen über das **Leben** in „Second Life" treffen zu und welche nicht? Kreuze an.*

	trifft zu	trifft nicht zu
a) Für alle Bewohner in „Second Life" spielt das Äußere eine bedeutende Rolle.	☐	☐
b) Virtuelle Kleidung, Schuhe und Luxusartikel können in der Internetwelt für Linden-Dollar gekauft werden.	☐	☐
c) Der Aufbau eines bestimmten Äußeren in „Second Life" ist mit Kosten verbunden.	☐	☐
d) Mit einer kostenlosen Software betreten Neulinge erstmalig „Second Life".	☐	☐
e) In der Online-Welt herrscht eine strenge Kleiderordnung.	☐	☐
f) Parallel zur virtuellen Welt erfährt der Nutzer eine Steigerung seines Ansehens in der realen Welt.	☐	☐
g) Jeder Bewohner in „Second Life" kann ohne Hilfsmittel fliegen.	☐	☐

3,5 P.

2 *Entscheide, welche der folgenden Aussagen über die **Berufswelt** in „Second Life" mit dem Text von Zacharias Zacharakis übereinstimmen und welche nicht.*

	stimmt überein	stimmt nicht überein
a) Alle Mitglieder des Online-Portals üben einen Beruf in „Second Life" aus.	☐	☐
b) Avatare haben unter bestimmten Voraussetzungen die Möglichkeit, einen Laden in „Second Life" zu eröffnen.	☐	☐
c) Handel stellt in „Second Life" einen ganz unwichtigen Berufszweig dar.	☐	☐
d) Die Bewohner von „Second Life" setzen täglich ca. 500.000 US-Dollar um.	☐	☐
e) Einige Avatare verdienen in dem Online-Portal von Linden Lab so viel Geld, dass sie ihr Leben in der Realität damit finanzieren können.	☐	☐
f) Nur mit dem in „Second Life" verdienten Geld kann dort eingekauft werden.	☐	☐
g) Reale Firmen dürfen in „Second Life" keine Filialen aufbauen.	☐	☐

3,5 P.

3 *Der folgende Auszug aus dem Text „Second Life" von Zacharias Zacharakis weist einige* ***grammatische Phänomene*** *auf, die du erkennen sollst. Entscheide, ob die Aussagen richtig oder falsch sind.*

„Die Bewohner von ‚Second Life' geben nicht nur Geld aus, sie verdienen auch welches." (Z. 20)

	richtig	falsch
a) Es handelt sich um ein Satzgefüge.	☐	☐
b) Es liegt eine Satzreihe vor.	☐	☐
c) Das Komma trennt einen Hauptsatz von einem Nebensatz.	☐	☐
d) Das Komma trennt zwei Hauptsätze voneinander.	☐	☐
e) Das Komma ist zwingend notwendig.	☐	☐
f) Das Komma ist fakultativ und kann auch weggelassen werden.	☐	☐
g) Das Komma ist falsch und muss weggelassen werden.	☐	☐

3,5 P.

4 *Untersuche die* ***grammatischen Phänomene*** *des folgenden Auszuges aus Zacharias Zacharakis' Text. Entscheide, ob die Aussagen richtig oder falsch sind.*

„Avatare leben hier. **Das** sind die virtuellen Figuren der Mitglieder in diesem Online-Portal**, das** die amerikanische Programmierfirma Linden Lab im Jahr 2003 auf den Markt gebracht hat." (Z. 5–7)

	richtig	falsch
a) Das erste „das" leitet einen Hauptsatz ein.	☐	☐
b) Das erste „das" bezieht sich als Demonstrativpronomen auf das Subjekt des Vorsatzes.	☐	☐
c) Das zweite „das" leitet einen Hauptsatz ein und bezieht sich auf „Avatare".	☐	☐
d) Das zweite „das" leitet einen Relativsatz ein und steht stellvertretend für „Online-Portal".	☐	☐
e) Das zweite „das" ist falsch geschrieben und müsste korrekt „dass" lauten.	☐	☐
f) Das zweite „das" könnte im Relativsatz auch durch „welches" ersetzt werden.	☐	☐
g) Das Komma vor dem zweiten „das" trennt Haupt- und Nebensatz.	☐	☐

3,5 P.

Zuordnungsaufgaben

Tipp

Bei einer **Zuordnungsaufgabe** (auch Matching-Aufgabe, von englisch *to match* = „zusammenpassen") musst du aus mehreren Wörtern, Satzteilen oder Sätzen, die in zwei Spalten einander gegenübergestellt sind, Paare bilden. Dabei ist in der Regel der Inhalt entscheidend.

HINWEIS: Geh in allen Zweifelsfällen nach dem **Ausschlussverfahren** vor: Bilde zuerst die Paare, bei denen du sicher bist, dann fällt dir die Wahl zwischen den übrigen Paaren leichter.

1 *Die fünf Absätze des Textes „Second Life" sind nummeriert. Ordne jeder Zwischenüberschrift die Nummer des passenden Abschnitts zu.*

a) Politisches Leben auch in „Second Life" ☐

b) Freizeit gestalten im virtuellen Kosmos ☐

c) Wunschlos glücklich in der wachsenden Welt der Avatare ☐

d) Eine halbe Million US-Dollar Umsatz täglich ☐

e) Neues Image ist käuflich ☐

2,5 P.

2 *Wie hängen **Wirklichkeit** und **erfundener Kosmos** zusammen? Verbinde die Paare mit Pfeilen.*

Wirklichkeit	erfundener Kosmos
a) real	1) Avatar
b) mit dem Äußeren hadern	2) Linden-Dollar (L $)
c) Mensch	3) virtuell
d) wahres Leben	4) perfekt gestylt
e) US-Dollar (US $)	5) Parallelwelt

2,5 P.

3 *Ordne die passenden **Paare aus Begriff und Worterklärung** einander zu, indem du sie mit Pfeilen verbindest.*

a) Image	1) einzelnes Geschäft einer zentral geführten Ladengruppe
b) Filiale	2) jmd., der die Gestalt von Gebrauchs- u. Verbrauchsgütern entwirft
c) Designer	3) Bild, das man von einer anderen Person/Gruppe/Sache hat
d) Online-Portal	4) Zugangsmöglichkeit im Internet zu bestimmten Leistungen

2 P.

4 *Welche Konjunktion gehört zu welchem Nebensatz? Ordne die **Konjunktion** den **Nebensätzen** zu.*

a) Wenn	1) viele Wünsche in „Second Life" umsetzbar sind, wächst diese Welt.
b) Damit	2) Avatare fliegen, schadet das ihrem perfekt gestylten Äußeren nicht.
c) Obwohl	3) die Wirtschaft in der Cyber-Welt Erfolg hatte, folgte ihr die Politik.
d) Weil	4) sie in der Cyber-Welt beliebt sind, sehen dort viele perfekt aus.
e) Nachdem	5) alles virtuell ist, kann in „Second Life" reales Geld verdient werden.

2,5 P.

Einsetzaufgaben

Tipp

Bei einer **Einsetzaufgabe** musst du passende Wörter in einen **Lückentext** einsetzen.
- Manchmal kannst du die einzusetzenden Begriffe einem **Wortspeicher** entnehmen.
- Manchmal musst du die gesuchten Ausdrücke selbst finden.

1 *Fülle die Lücken mit passenden Wörtern aus dem Wortspeicher, ohne im Text nachzulesen.*

Der Text mit dem ____________ „Second Life" von Z. Zacharakis ist auf der Internet-Seite der Zeitschrift ____________ erschienen und stellt die virtuelle Welt ____________ vor. Der ____________ stellt besonders heraus, dass sehr viele ____________ das zweite Leben dazu nutzen, sich ein zweites ____________ aufzubauen. Neben den Möglichkeiten für ____________ werden ____________ erläutert, die sich hier für ____________ eröffnen.

Wortspeicher
Politiker
Wirtschaftsunternehmen
Chancen
Bewohner
„Second Life"
Titel
Autor
Ich
Stern

4,5 P.

2 *Auch die* ***Wirtschaft*** *zieht einen Nutzen aus der virtuellen Welt. Fülle die Lücken in dem Text mit den passenden Wörtern aus dem Wortspeicher. Du musst sie dabei flektieren (beugen).*

Viele deutsche und ______________________ Konzerne nutzen „Second Life“ für Werbung, aber auch als preiswerte Verkaufsplattform für ihre Produkte. In ihren ______________________ Filialen können die Bewohner von „Second Life“ z. B. beliebte Markenprodukte erwerben. Die Konzerne testen dort ebenfalls Produkte, die bei erfolgreichem Online-Verkauf Einzug in die ______________________ Welt finden können. Dank der ______________________ Oberfläche kann jeder Bewohner selbst ein ______________________ Wirtschaftsunternehmen gründen. Beispielsweise können mit Hilfe einfacher ______________________ Formen ______________________ Kleidung oder ______________________ Fahrzeuge entworfen werden.

Wortspeicher
virtuell
real
geometrisch
benutzerfreundlich
fantastisch
international
futuristisch
erfolgreich

4 P.

3 *Welche* ***Gefahren*** *von „Second Life“ werden bereits im Text angedeutet? Versuche, die Lücken zunächst ohne Rückgriff auf den Wortspeicher sinngemäß zu füllen.*

Mit der Nutzung der Online-Welt ______________________ können durchaus auch ______________________ verbunden sein. Das perfekte neue ______________________ ist keineswegs kostenlos. Schicke ______________________ oder ein gemütliches ______________________ bekommt man zwar für virtuelle ______________________, die sind jedoch echtes ______________________ wert. Wer also hemmungslos Immobilien oder Designerkleidung kauft, kann schnell im finanziellen Ruin enden. Menschliche Unvollkommenheit scheint es in „Second Life“ nicht zu geben. Viele Benutzer erschaffen möglichst perfekt geformte und optimal gestylte ______________________. Die vor ______________________ strotzenden Schönmenschen haben oft nicht viel gemein mit den realen Personen. Verliert man da nicht schnell den Kontakt zur ______________________? Miteinander geredet und geflirtet wird im __________. Das kann unter Umständen viel ______________________ in Anspruch nehmen.

Wortspeicher
Selbstbewusstsein
Ich
Zeit
Zuhause
Realität
Gefahren
Geld
„Second Life“
Kleidung
Avatare
Chat
Linden-Dollar

6 P.

Kurzantworten

Tipp

Bei **Kurzantworten** musst du die Antwort mit eigenen Worten formulieren. Antworte so kurz und knapp wie möglich, aber immer in vollständigen Sätzen. Du solltest auf Genauigkeit achten und in den Antworten – wenn möglich – ein fachliches Vokabular verwenden. Achte auch darauf, dass du deine Antworten mit stichhaltigen Argumenten nachvollziehbar begründest.

1 *Erkläre aus dem Satzzusammenhang mit eigenen Worten, was sich hinter den hervorgehobenen Begriffen verbirgt.*
a) „… perfekt gestylte ***Schönmenschen*** *…" (Z. 30f.)*

____

____ 1 P.

b) „… in einer Kopie des Capitols tagen ***Replikate*** *von Abgeordneten des US-Kongresses." (Z. 36f.)*

____

____ 1 P.

2 *Zacharias Zacharakis schließt den vierten Absatz seines Textes mit den Worten: „… – es herrscht akute Suchtgefahr." (Z. 34) Gib mit eigenen Worten wieder, was damit gemeint ist, und nenne drei Gründe, die zu dieser Behauptung führen. Beziehe dich dabei auf den Text.*

____

____

____

____ 4 P.

3 *Für viele ist die Parallelwelt „Second Life" mit Gefahren verbunden. Um diese Gefahren für Kinder und Jugendliche so gering wie möglich zu halten, wird immer wieder eine Verschärfung der Zugangsberechtigung gefordert: Es sollten nur noch Personen über 18 Jahre zugreifen dürfen. Nimm zu der Forderung Stellung. Nenne drei Argumente und belege sie mit Aussagen aus dem Text oder mit den Schlagzeilen. Schreibe in dein Heft.*

☐ **JA, ich stimme dieser Forderung zu.** ☐ **NEIN, ich stimme dieser Forderung nicht zu.**

Neue Zürcher Zeitung vom 19. 01. 2007
Schlagzeilen für die Scheinwelt
Medienverlage betreiben im Spiel „Second Life" PR in eigener Sache

www.amica.de vom 02. 02. 08
Da jeder Benutzer sich ein Online-Alter-Ego (Avatar) zulegt, bleibt er anonym

www.einslive.de vom 06. 03. 2007
Wie bei Sodom und Gomorrha? – Pornografie in „Second Life"

www.wdr.de/tv/markt vom 07. 01. 2008
Internetspiele: Bitterernste Parallelwelt

www.chip.de vom 27. 07. 2007
AUSGEZOCKT: GLÜCKSSPIEL IN „SECOND LIFE" VERBOTEN

6 P.

4 *Mit welcher Abbildung (Seite 86) würdest du die Textaussagen verbildlichen? Du kannst jede Abbildung wählen. Begründe deine Wahl, indem du die Abbildung beschreibst und einen Bezug zum Text herstellst.*

Ich entscheide mich für die Abbildung ☐.

Beschreibung: ____

____

Begründung: ____

____

Textbezug: ____ 3 P.

A

B

C

D

5 *Wie würdest du dich als Avatar schaffen? Wie sähe dein Leben in „Second Life" aus? Beschreibe es knapp. Begründe deine Entscheidung.*

Beschreibung: ____

____

____

Begründung: ____

____

____

____ 3 P.

6 *Die folgenden Stellungnahmen zu dem Text „Second Life" von Zacharias Zacharakis sind von einem Schüler und einer Schülerin der Klasse 10 geschrieben worden. Welcher dieser Stellungnahmen würdest du am ehesten zustimmen? Wähle eine Stellungnahme aus und begründe deine Entscheidung.*
Stelle dazu drei Behauptungen auf und begründe sie. Füge hierzu auch Beispiele an.

1

Der Autor des Textes „Second Life" scheint ganz begeistert von dem virtuellen Kosmos mit all seinen Möglichkeiten zu sein. Mir erscheint die erfundene Welt allerdings mit zu vielen Gefahren verbunden, vor allem, wenn in der 3D-Welt jeder tun und lassen kann, was er will. Ich könnte mir vorstellen, dass man auch ganz schön reingelegt werden kann, je nachdem, auf wen man trifft in dieser Party- und Konsumwelt. Vor allem unerfahrene Nutzer oder gar Jugendliche könnten ausgenutzt oder belästigt werden. Außer für die Firmen, die ihre Produkte testen und verkaufen wollen, und natürlich für die Erfinder von „Second Life" selbst sehe ich keinen großen Nutzen. Ich für meine Person ziehe Begegnungen mit realen Personen im wirklichen Leben, mit denen ich mich direkt auseinandersetzen und denen ich in die Augen schauen kann, vor. Mir reicht die eine Welt; sie ist viel wichtiger!

Tristan

2

Es ist schon verführerisch angesichts der Möglichkeiten, die moderne Medien bieten, um aus der realen Welt zu flüchten. Für mich ist das aber gar keine Realitätsflucht, sondern eine Form der Kommunikation der Zukunft. Beim Karneval verkleiden sich die Menschen auch und schlüpfen in ein neues Ich. Als Avatar kann ich zur Schönheitskönigin oder Olympiasiegerin werden und sogar dreidimensional chatten und Leute treffen. Endlich kann man seine Chatpartner sehen – zumindest die virtuelle Variante. Und das alles ist so realistisch; als wäre man tatsächlich in dieser Welt. Ich glaube allerdings auch, dass man sein Leben in „Second Life" nicht noch einmal neu beginnen kann und dass man auch aufpassen muss, dass man das reale Leben nicht vernachlässigt und mit der virtuellen Welt verwechselt. Das Gespür für das soziale Leben kann man nicht in einer künstlichen Welt gewinnen. Dennoch finde ich „Second Life" faszinierend und spannend.

Ricarda

Ich stimme am ehesten der Stellungnahme ________ zu.

Begründung: ____________________

____

____

____

____

____

____

____

____

____

____

____

____

____________________ 9 P.

Tipp

Willst du **überzeugend Stellung nehmen, ...**

- ... nenne das stärkste Argument zuletzt,
- ... stütze deine Argumente mit Beispielen oder Erläuterungen,
- ... bleibe immer sachlich,
- ... fasse deinen Standpunkt am Ende in einem Fazit zusammen.

Textquellenverzeichnis

S. 5: Freizeitaktivitäten von Jugendlichen; aus: „Kinder online 2004“: Internetnutzung von Kindern. Studie der Agentur für neue Medien NEUE DIGITALE in Zusammenarbeit mit dem Frankfurter Kinderbüro und der Johannes-Gutenberg-Universität Mainz, S. 7
S. 5: Wöchentliche Internet-Nutzung nach dem Alter; aus: NEUE DIGITALE (s. o.), S. 18
S. 5: Online Kids – Wie nutzen sie das Internet?; aus: Internationales Zentralinstitut für das Jugend- und Bildungsfernsehen (IZI) 2002, S. 38
S. 6: Ursula Enders: Die Faszination der Chaträume; aus: Sexueller Missbrauch in den Chaträumen des Internets, Zartbitter e. V., Köln 2004, S. 3
S. 6: „In Köln wurde ...“; aus: Kölner Stadt-Anzeiger, 8. 7. 2003
S. 6: Ursula Enders: Sicher surfen; aus: Sexueller Missbrauch in den Chaträumen des Internets, Zartbitter e. V., Köln 2004, S. 11–12
S. 11: Von „schlauen Füksen“ und „alten Hasen“/Alfred Rupp ...; aus: http://www.karinlindner.de/Fuks/fuksindex.htm
S. 12: Martina Windrath: Paten begleiten Schüler/innen; aus: Kölnische Rundschau, 28. 9. 05
S. 12: Ellen B.: Ihr seid doch alles Weicheier; aus: PZ Nr. 92/Dez. 1997, S. 7, Hg. Bundeszentrale für politische Bildung, Bonn
S. 12: Bevölkerungsentwicklung und Altersstruktur in Deutschland 1960 bis 2050; aus: Statistisches Bundesamt, Stand 11/2004
S. 13: „Ganz für andere da sein, anderen helfen“; aus: Allensbacher Archiv, IFD-Umfrage 7017, 2002; www.bagso.de/publikationen.html
S. 31: Ina Deter: Neue Männer braucht das Land, Moby Music Musikverlag, 1977
S. 37: Walter Helmut Fritz: Augenblicke; aus: Umwege. Prosa. Deutsche Verlagsanstalt, Stuttgart 1964, S. 47 ff.
S. 49: Veit Wolpert: Schülergerichte statt Jugendrichter; aus: www.fdp-fraktion-lsa.de/files/INFOLT_Wolpert_Schuelergerichte_8_6.doc
S. 55: Esther Körfgen: Das Asyl; aus: Die Erklärung. Ausgezeichnete Kurzgeschichten. Hg. v. Peter Härtling, Theodor Weißenborn, Rudolf Otto Wiener, Quell Verlag, Stuttgart 1988
S. 59: Mascha Kaléko: Kinder reicher Leute; aus: Deutsche Gedichte. Hg. Elisabeth K. Paefgen/Peter Geist. Cornelsen, Berlin 19. Auflage 2006, S. 559
S. 65: Stefan Aufenanger: Macht Fernsehen wirklich „dick, dumm, krank und traurig“?; aus: http://mediaculture-online.de/fileadmin/bibliothek/aufenanger_pfeiffer/aufenanger_pfeiffer.pdf (gekürzt; 06. 05. 08)
S. 73: Im Schutz der Muttersprache; aus: Frankfurter Rundschau, 28. 1. 2006
S. 74: Erfolgreich mit gutem Deutsch; aus: Frankfurter Rundschau, 28. 1. 2006
S. 74: Von 100 Schulabgänger/inne/n haben ...; aus: Statistisches Bundesamt: Schuljahr 2001/2002
S. 79: Zacharias Zacharakis: „Second Life“; aus: http://www.stern.de/computer-technik/computer/581680.html?q=second%20life (gekürzt; 16. 01. 08)

Bildquellenverzeichnis

S. 6: Peter Widman; **S. 11:** Bernd Wüstneck; **S. 23:** denkou images/F1 ONLINE; **S. 31:** picture-alliance/KPA; **S. 37:** Thomas Schulz; **S. 49:** picture-alliance/ZB; **S. 55:** S. Warter/Agentur Focus; **S. 59:** ullstein bild/Eisenstaedt (1931); **S. 65:** Juice Images/F1 ONLINE; **S. 73:** vario-images/Susanne Baumgarten; **S. 74:** Matthias Luedecke; **S. 79:** picture-alliance/dpa; **S. 86 oben links:** picture-alliance/dpa-Report; **unten rechts:** Joerg Lantelme, Kassel

Redaktion: Otmar Käge, Cathérine Lau, lüra – Klemt & Mues GbR
Bildrecherche: Eireen Junge
Umschlaggestaltung: Katrin Nehm (Foto: Thomas Schulz)
Layoutkonzept: Katharina Wolff-Steininger
Layout und technische Umsetzung: L 101 Mediengestaltung, Berlin

www.cornelsen.de

1. Auflage, 3. Druck 2016

Druck: H. Heenemann, Berlin

ISBN 978-3-06-060860-7

Deutschbuch

Trainingsheft für Klassenarbeiten und die zentrale Prüfung für 2010

Real- und Gesamtschule Nordrhein-Westfalen

Lösungen **10**

▷ S. 5 Online Kids – Einen informativen Text verfassen

▷ S. 7 A Die Aufgabe verstehen

1 *Schlüsselwörter sind: Flyer – Umgang Jugendlicher Internet – Eltern Mittelstufenschüler – Erläutere Flyer – begründe Informationsauswahl.*

2 *Richtig sind die Aussagen c) und d).*

▷ S. 7 B Stoff sammeln

1 *Tipp: Zu den Lesetechniken kannst du dich auch auf Umschlagseite 4 informieren.*

2 *a) Sinnvolle Oberbegriffe im Tabellenkopf sind z. B.:* Alter – Jungen/Mädchen – Vorteile – Gefahren – Eltern
b) Belege aus den Materialien sind z. B.: ***Internetnutzung**:* Informationen sammeln, E-Mails verschicken, chatten (M3); ***Alter:*** unter 13-Jährige seltener online, fast 50 % der über 13-Jährigen an ein paar Tagen oder jeden Tag pro Woche (M2): ***Jungen/Mädchen:*** Jungen entdecken, Mädchen suchen gezielt (M3); ***Vorteile:*** Jugendliche erfinden sich selbst neu (M4); ***Gefahren:*** Missbrauch (M5), Belästigung (M6)

▷ S. 7 C Übungen

1 ... nach „Freunde treffen" die beliebteste Freizeitaktivität von Jugendlichen ist; vor „Familie", „Fernsehen", „Computer oder Videospiele".

2 *Mögliche Lösung:* Die Grafik macht deutlich, dass Kinder unter 13 das Internet seltener nutzen als Jugendliche über 13.
Das gilt besonders für die tägliche Nutzung. Bei der „seltenen" Nutzung oder „an ein paar Tagen" herrscht aber Gleichheit: je ein Drittel.

▷ S. 8 **3** *Mögliche Lösung:* Während M2 aussagt, dass 12,5 % der unter 13-Jährigen täglich im Netz sind, geht aus M3 hervor, dass es 50 % sind.

4 *a) Mögliche Lösung:* ... wieder, dass Teenager, vor allem Mädchen, sexuellen Gefahren durch das Internet ausgesetzt sind.
b) Mögliche Lösung: Ich denke ebenfalls, dass das Chatten mit Unbekannten gefährlich sein kann, aber ich bi n davon überzeugt, dass ein gesundes Misstrauen einen guten Schutz darstellt.

5 *a) Vergleiche dazu die Lösung zu Aufg. B2, S. 7 (s. o.).*
b) Mögliche Ergänzungen wären z. B.: ***Vorteile:*** *Ich finde viele Informationen, ohne extra in die Bücherei fahren zu müssen.* ***Gefahren:*** *Nicht alle Informationen, die ich im Internet finde, sind wahr oder gut geprüft.*

6 *a) Tipp: Achte dabei auf die von dir gewählten Oberbegriffe am Tabellenkopf. Passen sie zu den Belegen darunter?*
b) Achtung: Alter und Geschlecht stehen oft in einer Aussage zusammengefasst.

7 *Überschrift 3 ist zu einseitig negativ und Überschrift 4 ist mit „ihr" statt „Sie" unhöflich.*

8 *a) + b) Grundsätzlich sind alle sieben Lösungen möglich.*
▷ S. 9 *c) Vergleiche dazu die Einleitung in der Musterlösung zu Aufg. 10, S. 10 (im Lösungsteil S. 2).*

▹S. 9 D Einen Schreibplan aufstellen

1 *Sortiere deine Tabelle folgendermaßen: Informationen zum Thema, zentrale Fragestellung und Grundlagen gehören unter* ***E****, Argumentation und Detailinformationen unter* ***H*** *und Fazit, Appelle oder Ratschläge unter* ***S****.*

2 *Hier sind unterschiedliche Lösungen möglich. Grundsätzlich sollten Fakten zum Freizeitverhalten von Kindern oder ihrer Internetnutzung vor einer Abwägung der Vor- und Nachteile des Internets stehen. Du kannst dich aber entscheiden, ob du positiv oder negativ enden möchtest: Stehen die Gefahren oder die Vorteile auf deinem Flyer an der (betonten) letzten Stelle?*

3 *Vergleiche dazu die Zwischenüberschriften in der Musterlösung zu Aufg. 10, S. 10.*

4 *Ziel ist die Information der Eltern über den Umgang der Jugendlichen mit dem Netz; mit Vor- und Nachteilen.*

5 *Du solltest die Eltern im Flyer direkt ansprechen und ihnen solche Informationen und Erläuterungen geben, die sie interessieren.*

▹S. 10 **6** *Gut ist es, wenn deine (Zwischen-)Überschriften*
a) neugierig machen,
b) die Informationen deines Flyers übersichtlich gliedern
c) und auf einen Blick schlüssig erscheinen.

7 *Vergleiche hierzu auch die Lösung zu Aufg. D 2, S. 9: Die erste Zwischenüberschrift (ZÜ) führt ins Thema Freizeitgestaltung ein; so wird eine Faktenlage geschaffen. Die zweite ZÜ grenzt das Thema auf Internetnutzung ein, da diese für über 13-Jährige besonders wichtig ist. Die nächsten ZÜ klären über Vorteile und Gefahren auf. Die Reihenfolge kannst du bestimmen: Wenn du möchtest, dass den Eltern eine Warnung im Gedächtnis bleibt, stellst die Gefahren an den Schluss. Die letzte ZÜ bietet Rat zur Lösung des Problems an.*

8 *Wortwahl, Satzbau und -länge müssen passen für*
a) die Adressaten (= Eltern),
b) die Textsorte „Flyer" (vgl. den Info-Kasten auf S. 8).

9 *Achtung: Hier ist eine Begründung deiner Schwerpunktsetzung und deiner Argumentation gefragt. Was erscheint dir am Thema Internet-Nutzung interessant, was findest du beeindruckend, was unglaubwürdig? Warum?*

10 *So könnte ein Flyer zum Umgang Jugendlicher mit dem Internet aussehen; samt Erläuterung:*

Was macht Ihr Kind im Internet?

Liebe Eltern,
dieser Flyer soll Sie über den Umgang Jugendlicher mit dem Internet informieren.
Das Internet ermöglicht den Jugendlichen viele Nutzungsmöglichkeiten, eröffnet aber auch Gefahren.
Leider ist vielen Eltern noch nicht bekannt, welche Gefahren im Internet lauern und wie ihre Kinder geschützt werden können.

Haben Sie sich schon die Frage nach den Risiken für IHR Kind gestellt?

Wie Kinder ihre Freizeit gestalten

Jugendliche wollen in ihrer Freizeit vor allem
- Freunde treffen,
- etwas mit der Familie unternehmen,
- im Internet surfen,
- Sport treiben.

Im Vordergrund steht also die Pflege **sozialer Kontakte.**
Welche Rolle spielt dabei das Internet?

Internet-Nutzung

Die Nutzung des Internets ist **altersabhängig:**
Die tägliche Nutzung nimmt bei über 13-Jährigen stark zu.
Außerdem ist die Nutzung bei **Mädchen und Jungen** unterschiedlich:
In der Altersgruppe „Acht- bis Neunjährige" gehen nur 8 % Mädchen, jedoch 33 % Jungen mehrmals pro Woche online. Mit zunehmendem Alter nehmen diese Unterschiede aber ab.
Jungen nutzen das Internet besonders für Entdeckungstouren, während Mädchen zielgerichteter Informationen abrufen.
81 % aller Kinder zwischen acht und zwölf Jahren sind ziellos im Internet unterwegs.

Internet-Vorteile

Untersuchungen belegen, dass viele Kinder das Internet nutzen, um **Informationen** für die Schule und für Hobbys zu erhalten.
Die Wichtigkeit des Internets für **soziale Kontakte** zeigt sich darin, dass sich Kinder und Jugendliche sehr gerne E-Mails schreiben oder sich in Chat-Foren treffen.
Warum sind Chaträume so beliebt bei Kindern und Jugendlichen?
Sie haben hier die Möglichkeit, eigene Räume zu entdecken: Sie können sich mit Gleichaltrigen austauschen und Rollen spielen.

Internet-Gefahren

Genau hier lauern aber auch Gefahren: Jeder kann einen Chatraum „betreten" und falsche Tatsachen vortäuschen. Aus einem 40-jährigen Mann wird dann schnell mal ein „sympathischer Junge."
„So hatte ein 39-Jähriger im Chat Mädchen angemacht und zu Treffen überredet." *(Kölner Stadt-Anzeiger)*
Das Gefährliche am Chat ist, dass Sie als Eltern kaum einen Einblick haben, wen Ihr Kind dort kennen lernt und mit wem es sich verabredet!

Internet-Ratgeber

Sie möchten Ihr Kind vor diesen Gefahren schützen?
- Sie sollten ihm auf gar keinen Fall das Internet verbieten!
- Aus eigener Erfahrung wissen Sie, dass es dadurch nur interessanter wird und zum heimlichen Chatten verführt – sei es im Kinderzimmer, bei Freunden oder im Internetcafé.
- Überprüfen Sie Ihre eigene Medienkompetenz:
  - Welche Chaträume kennen Sie?
  - Wie läuft die Kontaktaufnahme dort ab?

  Erst wenn Sie sich damit auskennen, können Sie sich auch mit Ihrem Kind darüber unterhalten.
- Beachten Sie:
  - Verbote sind sinnlos.
  - Spionieren Sie Ihrem Kind nicht hinterher.
  - Gehen Sie lieber mal gemeinsam ins Internet.
  - Machen Sie Ihrem Kind keine Angst.
  - Fördern Sie ein gesundes Misstrauen.

Schützen Sie Ihr Kind, indem Sie selbst **medienkompetent** werden!

Weitere Informationen bekommen Sie hier: www.zartbitter.de

Erläuterung
Der Flyer ist durch die Haupt- und Zwischenüberschriften äußerlich und inhaltlich übersichtlich gegliedert.
Wichtige Informationen sind hervorgehoben oder stehen in eigenen Absätzen.
Die Adressaten werden direkt und über Fragen und Aufforderungen angesprochen.
Die Sätze sind überwiegend kurz. Aber es gibt auch längere Satzgefüge für Informationen und Erklärungen.

▷ S. 11 Schüler und Senioren – Einen Bericht schreiben

▷ S. 13 A Die Aufgabe verstehen

1 *Richtig sind die Aussagen b), c), e) und f).*

2 *Richtig sind die Aussagen b) und f).*
Der Bericht enthält ***keine*** *persönliche Meinung,* ***keine*** *Umgangs- oder Jugendsprache,* ***keine*** *Spannungssteigerung,* ***keine*** *Füllwörter.*

▷ S. 13 B Ideen entwickeln – Stoff sammeln

1 *Eine mögliche Intention:*
Ich beabsichtige mit meinem Bericht, Schülerinnen und Schüler darüber zu informieren, wie nützlich und wertvoll es für Jugendliche und Senioren sein kann zusammenzuarbeiten.

▷ S. 14 **2** *Was?*
FUKS-Projekt (M1); Paten-Projekt (M3); Kritik an der Einstellung von Jugendlichen (M5, M6)
Wann?
Paten seit 2005 (M3); FUKS seit 1999 (M1)
Wo?
Paten: Martin-Luther-King-Hauptschule, Köln (M3, M4); FUKS: Geschwister-Scholl-Gymnasium Pulheim (M1, M2) u. a. Schulen
Wer?
14 Senioren-Paten für Schüler der Klassen 9 und 10 / „Ceno" (M3); Murat P. (M4); FÜKSE ab Klasse 9 und Senioren ab 50 (M1); Alfred Rupp (M2); Sokrates (M5), Ellen B., Journalistin (M6)

Welche Folgen?
Jugendliche: neues Lernen, soziale Kompetenzen, berufliche Fertigkeiten; Profitieren durch eigenverantwortliches Planen bzw. Erfahrung und Wissen der Senioren (M1+3)
Senioren: Kontakt zu Jugendlichen, Verständnis (M1); Lernen in neuen Wissensgebieten, z.B. PC (M2); Weitergabe eigenen Wissens und Hilfestellung für junge Menschen (M3)
Warum?
Begegnung zwischen Alt und Jung, Verständnis der Generationen; voneinander lernen (M1, M3)
Wie?
FUKS: Schüler unterrichten Senioren = PC, Handy, Gymnastik ... (M1); Paten: Hilfe für Schüler bei Bewerbung, Lehre, Praktikum (M3)

3 *b) Mögliche Lösung:* Ältere Menschen bringen viel Zeit mit. Die Arbeit mit ihnen könnte entspannter sein, weil sie aus Interesse lernen. Sie haben zudem interessante Dinge zu erzählen, die in keinem Schulbuch stehen.

▷ S. 14 C Übungen

1 *Mögliche Lösung:* Die allgemeine Tendenz ist, dass es immer weniger junge und immer mehr alte Menschen gibt und geben wird: Im Vergleich zum Jahr 1960 wird es 2050 ca. 14 % weniger unter 20-Jährige geben, ca. 5 % weniger 20- bis 60-Jährige und ca. 19 % mehr über 60-Jährige.

▷ S. 15 2 a) *In Beispiel 1 wird M7 mit* M3 *verknüpft; in Beispiel 2 M7 mit* M6.
b) Die Verknüpfung in Beispiel 1 passt, weil die Informationen aus M7 und M3 korrekt wiedergegeben sind und zum Thema gehören. Die Verknüpfung im Beispiel 2 passt **nicht**, weil die Aussagen aus M6 zu einseitig und zu verallgemeinert dargestellt werden. Es passt auch nicht zum Thema „Senioren und Schüler".
c) *Bsp. 1:* Deshalb wird es zunehmend wichtig, das Verständnis der Generationen zu vertiefen und zu verbessern. Dies wird z. B. durch ein Projekt bewirkt ...
Bsp. 2: Dies ist ... So nennt ...
d) *Verknüpfung von M7 und M1 (Beispiel):*
Der Anteil der Senioren an der deutschen Bevölkerung nimmt immer weiter zu und der der „Jungen" immer weiter ab. Umso wichtiger ist es, den Senioren beim Umgang mit neuen technischen Entwicklungen zu helfen, wie z.B. dem Computer. Dies können besonders Jugendliche gut leisten, wie das FUKS-Projekt zeigt. Hier ...

▷ S. 16 3 b) *Umformulierung M 1:*
Beim FUKS-Projekt sind Schüler ab der 9. Klasse die Lehrer und Senioren ab 50 Jahren die Schüler.
Umformulierung M 3:
Es wurde ein Kooperationsvertrag unterschrieben, wonach 14 Schülern der Klassen 9 und 10 der Martin-Luther-King-Schule 14 Senioren-Paten zur Seite stehen. Diese unterstützen die Schüler bei den Hausaufgaben, der Lehrstellensuche und Ähnlichem.
c) *Der zweite Satz passt:* Ähnlich erfolgreich ...

4 *Textstellen, die die Intention stützen, dass Senioren und Schüler/innen voneinander lernen können sind:*
M1, Z. 23–28; M2, Z. 9–11; M3, Z. 13–26; M4, Z. 1–3.

5 *Mögliche Zwischenüberschriften:*
Senioren lernen von Schülern (M 1) Senioren als Paten für Schüler (M 3) Immer mehr Alte und weniger Junge (M 7)

6 Alfred Rupp möchte als Rentner nicht nur herumsitzen und mit Altersgenossen über Politik reden. Er sagt, ihm **liege** es nicht, so lange zu warten, bis sein Gehirn die meisten Zellen **abgebaut habe**.

▷ S. 17 7 *Folgende Aussagen passen zusammen: 1 + c); 2 + a); 3 + d); 4 + b).*

8 *Begründungsbeispiele:*
M2 und M4 habe ich in Auszügen in meinen Bericht eingebaut, da hier zwei „Augenzeugen" von den beiden Projekten berichten und dadurch eine passende Bewertung der Zusammenarbeit von Schülern und Senioren gegeben wird. Auch M5 wäre ähnlich wie M6 geeignet, dieses Material habe ich allerdings für meinen Bericht nicht benutzt.

▷ S. 17 D Einen Schreibplan aufstellen

1 *Diese Zuordnung ist richtig: a) = Schluss; b) = Hauptteil; c) = Einleitung; d) = Hauptteil.*

▷ S. 18 2 *Ein provokanter Einstieg wäre z. B.:*
Jugendliche sind Schlafmützen, die nur ihren Spaß haben wollen und keine Manieren mehr haben!

3 *Für die Eröffnung deines Schlusses geeignet sind: a), b), c) und e); ungeeignet sind d) und f).*

4 a) *So könnte ein Bericht für die Schülerzeitung zum Thema „Schüler/innen im Kontakt mit Senioren" aussehen:*

Lernen leicht gemacht – Wie Jung und Alt voneinander profitieren

„Jugendliche sind Schlafmützen, die nur ihren Spaß haben wollen und keine Manieren mehr haben!"
Diese Meinung ist heutzutage weit verbreitet, vor allem in der älteren Generation. Dabei zeigen verschiedene Projekte, dass Jugendliche auch ganz anders können – gerade im Umgang mit Senioren – und dabei viel gewinnen.

Immer mehr Alte und weniger Junge

Die allgemeine Tendenz ist, dass es immer weniger junge und immer mehr alte Menschen gibt und geben wird: Im Vergleich zum Jahr 1960 wird es im Jahr 2050 ca. 14 % weniger unter 20-Jährige geben, ca. 5 % weniger 20- bis 60-Jährige und ca. 19 % mehr über 60-Jährige. Die Jugendlichen sehen sich also mit einer „Masse" an „Alten" konfrontiert. Deshalb wird es zunehmend wichtig, das Verständnis der Generationen zu vertiefen und zu verbessern.

Senioren lernen von Schülern

Dies wird z. B. durch ein Projekt in Pulheim bewirkt: Beim FUKS-Projekt – FUKS heißt: **F**orschen, **U**nterrichten, **K**ennenlernen, **S**taunen – sind Schüler ab der 9. Klasse die Lehrer und Senioren ab 50 Jahren die Schüler. Besonders gefragt sind „Fächer" wie Handy, Computer, Internet, Fremdsprachen und Gedächtnistraining. Alfred Rupp zum Beispiel möchte als Rentner nicht nur herumsitzen und mit Altersgenossen über Politik reden. Er sagt, ihm liege es nicht, so lange zu warten, bis sein Gehirn die meisten Zellen abgebaut habe. Deshalb hat er am FUKS-Projekt teilgenommen und sich von den jugendlichen Lehrern erklären lassen, wie man einen Computer bedient.

Senioren als Paten für Schüler

Ähnlich erfolgreich ist ein Projekt in Köln, bei dem Senioren Patenschaften für Schülerinnen und Schüler übernehmen, um diese auf dem Weg ins Arbeitsleben zu unterstützen. Es wurde ein Kooperationsvertrag unterschrieben, wonach 14 Schülern der Klassen 9 und 10 der Martin-Luther-King-Schule 14 Senioren-Paten zur Seite stehen. Diese unterstützen die Schüler bei den Hausaufgaben, der Lehrstellensuche und Ähnlichem. Murat P. beispielsweise gefällt die Zusammenarbeit mit seiner Patin sehr, er schätzt ihr Wissen in Sachen Bewerbungen, Rechtschreibung und Mathematik. Er findet es „klasse", dass seine Schule an dem Projekt beteiligt ist.
Insgesamt zeigen die verschiedenen Projekte also, dass der Kontakt zwischen Schülern und Senioren sich für beide Seiten bereichernd auswirkt, die Jungen lernen von den Alten und umgekehrt. So helfen die Senioren als Paten den Jugendlichen beim Einstieg ins Berufsleben und bleiben gleichzeitig selbst fit und auf dem Laufenden. Die „Fükse" wiederum erlernen in ihrem Projekt im Umgang mit den Senioren wichtige Schlüsselqualifikationen, die sie in ihrem späteren Leben gut gebrauchen können. Und die Senioren lernen hier durch die Hilfe der Schülerinnen und Schüler, sich in der modernen Welt besser zurechtzufinden. Zudem fördern beide Projekte fast nebenbei das bessere Verständnis der Generationen untereinander – wodurch viele Vorurteile zwischen Jung und Alt abgebaut werden können.

b) *So könnte die Begründung für die Materialauswahl aussehen, die in der Klassenarbeit auf S. 11 von dir verlangt wird:*

Folgende Überlegungen habe ich beim Schreiben des Berichts angestellt:
Material M6 habe ich benutzt, weil hier provokative Äußerungen vorliegen, die Vorurteile gegenüber Jugendlichen widerspiegeln und deshalb gut zum Thema passen. Hieraus habe ich den Leseanreiz für die Einleitung des Berichts abgeleitet. Auch M5 wäre dafür geeignet, dieses Material habe ich allerdings für meinen Bericht nicht benutzt. M7 habe ich am Anfang meines Hauptteils eingebracht, da hier allgemein die Situation von Jugendlichen und Senioren in Zahlen dargeboten wird, was eine Grundlage für das Thema meines Berichts bildet.
Ich habe M1 und M3 verwendet, da darin Beispiele für die gute wechselseitige Zusammenarbeit von Schülern und Senioren gegeben werden, was genau zum Thema des Berichts passt. Materialien M2 und M4 passen gut zu M1 und M3, da hier zwei „Augenzeugen" von den beiden Projekten berichten und dadurch eine passende Bewertung der Zusammenarbeit von Schülern und Senioren gegeben wird. M8 habe ich weggelassen, denn in dieser Grafik wird ein recht spezieller Bereich thematisiert („Grundzüge der Lebensorientierung"), der sich weniger gut mit der Intention meines Berichts verbinden ließ.

▷ S. 19 Schon mit 12 Jahren vor Gericht? – Einen Leserbrief schreiben

▷ S. 20 A Die Aufgabe verstehen

1 *Richtig sind die Aussagen b), c), d) und f).*

▷ S. 20 B Stoff sammeln – Die Argumente erfassen

1 *a) Die Aussagen (7), (11) und (13) sind als Argumente weniger geeignet.*
b) PRO-Argumente sind: (1), (2), (4), (5), (14); zu den KONTRA-Argumenten gehören: (3), (6), (8), (9), (10), (12).
c) Mögliche eigene Argumente: PRO: Es ist ungerecht, wenn 13-Jährige straffrei bleiben, während 14-Jährige für ihre Taten büßen müssen. *KONTRA:* Viele Jugendliche begehen in einer Gruppe Straftaten. Der Gruppendruck ist hoch und sie denken nicht mehr selbst nach. – Wenn Jugendliche eine Lebensperspektive haben, dann werden sie nicht kriminell.

2 *Mögliche Begründungen PRO:* Wegen Banden wächst die Gewalt unter Kindern – ... es darauf hinweist, dass eine Tat dann nicht nur von einem Einzelnen verantwortet wird. Gesetz nicht mehr zeitgemäß – ... es den Blick über die Tagespolitik hinaus weitet. Kinder unter 14 zeigen Reife – ... es die tatsächlichen Fähigkeiten Jugendlicher berücksichtigt. Schärfere Strafjustiz schärft Unrechtsbewusstsein – ... es die Vorbeugung berücksichtigt.
Mögliche Begründungen KONTRA: Kriminelle Kinder sind Ausnahme – ... es darauf hinweist, dass das Problem überschaubar ist. Fehlende Schuldfähigkeit 12-Jähriger – ... es die psychologische Entwicklung berücksichtigt. Fehlendes Unrechtsbewusstsein – ... es darauf hinweist, dass Kinder und Jugendliche erst lernen müssen, wie sie sich richtig verhalten. Wissen heißt nicht Reife – ... es psychologische Tatsachen benennt. Kinderkriminalität als soziales Phänomen – ... es die gesellschaftliche Verantwortung einbezieht.

3 *Zusammen gehören: (1) + e); (2) + b); (3) + a), (4) + d); (5) + c).*

▷ S. 21 C Übungen

1
- *Obwohl Heranwachsende schon einschätzen können, was Unrecht ist, kann man bei Kindern unter 14 Jahren nicht davon ausgehen, dass sie bei einer strafbaren Tat im vollen Unrechtsbewusstsein handeln.*
- *Obwohl die Zahl der Kinder, die Straftaten begehen, gestiegen ist, kann man dennoch nur von einer Minderheit straffälliger Kinder sprechen.*
- *Obwohl viele Kinder unter 14 Jahren wissen, was Recht und Unrecht ist, verhalten sie sich dennoch gesetzeswidrig.*

2 *a) – d) Einleitungssätze:*
a) – – + –
b) – + – –
c) + + + + = der gelungenste Einleitungssatz
d) – – – –

▷ S. 22 D Einen Schreibplan aufstellen

1 *Deine These könnte zum Beispiel sein:*
Ich meine, man kann nicht alle Kinder ab 12 Jahren der Strafjustiz ausliefern, nur weil einige wenige kriminell sind.
Oder:
Um die kriminellen Kinder ab 12 Jahren bestrafen zu können, müssen die Gesetze geändert werden.

2 + 3 *Wähle PRO- und KONTRA-Argumente aus der Antwort zu Aufgabe B 2, S. 20 (s. o.) aus.*

4
- *These: Strafmündigkeit soll nicht abgesenkt werden.*
- *Argument 1: Banden / Gegenargument: die meisten Jungendlichen nicht kriminell*
- *Argument 2: mehr Wissen / Gegenargument: kein Unrechtsbewusstsein*
- *Argument 3: bei Fehlverhalten Ärger mit Eltern und Polizei*
- *Argument 4: soziales Problem*
- *Zusammenfassung/Ausblick: Jugendliche brauchen Lebensperspektive.*

5 *So könnte dein Leserbrief aussehen:*

[Absender] [Datum]

An die Redaktion
Rhein-Ruhr-Zeitung
Sternplatz 15
24569 Ruhrort

Strafmündigkeit mit 12? – Rhein-Ruhr-Zeitung vom 07.09.2***

Sehr geehrte Redakteurinnen und Redakteure,

mit Interesse habe ich Ihre beiden Artikel zum Thema Absenkung der Strafmündigkeit auf 12 Jahre gelesen.
Ich habe selbst einen jüngeren Bruder, der gerade 12 Jahre alt geworden ist, und wenn ich mir vorstelle, dass er vor Gericht gestellt werden könnte, weil er mal etwas Falsches gemacht hat, dann erschrecke ich. Er ist doch noch ein Kind und manchmal verspielt wie ein Dreijähriger! Ich fordere mit Nachdruck, dass die Strafmündigkeit nicht abgesenkt wird.
Man kann ja nachvollziehen, dass viele Menschen beunruhigt sind, wenn über kriminelle jugendliche Banden berichtet wird (auch in Ihrer Zeitung), aber die allermeisten Kinder sind nicht kriminell. Hier handelt es sich um absolute Ausnahmen.
Sicherlich wissen heute die Jugendlichen mehr als früher, vielleicht sind sie auch etwas reifer als in früheren Zeiten. Obwohl Heranwachsende schon einschätzen können, was Unrecht ist, kann man bei Kindern unter 14 Jahren nicht davon ausgehen, dass sie bei einer strafbaren Tat in vollem Unrechtsbewusstsein handeln.
Da spielt ja vielleicht auch der Gruppendruck eine Rolle. Wenn heutzutage jemand Mist macht, vielleicht sogar gegen Gesetze verstößt, kriegt er ja trotzdem einen Riesenärger: mit seinen Eltern und mit der Polizei (bei Ladendiebstahl z.B.). Das reicht doch in der Regel, damit er weiß: Das mache ich nie wieder!
Ich möchte eines ausdrücklich betonen: Die Probleme mit jugendlichen Banden sind soziale Probleme, da ist die Politik gefordert. Die Jugendlichen brauchen eine Lebensperspektive, Ausbildungsplätze usw. Schärfere Gesetze oder eine Absenkung der Strafmündigkeit, wie sie in Ihrer Zeitung gefordert werden, helfen da meiner Meinung nach nicht weiter.

Ich würde mich freuen, wenn Sie diesen Leserbrief abdrucken. Vielen Dank!

Mit freundlichen Grüßen

[Unterschrift]

Vorzüge dieses Leserbriefs:
Er beginnt mit einem anschaulichen Beispiel.
Er führt Gegenargumente an und entkräftet sie anschließend überzeugend.
Er bezieht sich ausdrücklich auf die Argumente in der Liste auf S. 19 im Heft.
Er nimmt am Ende begründet Stellung.
Er beachtet die formalen und stilistischen Regeln eines offiziellen Briefs.

▷ S. 23 Führerschein mit 16? – Einen Artikel für die Schülerzeitung verfassen

▷ S. 24 A Die Aufgabe verstehen

1 *Richtig sind die Aussagen a), e), f) und g).*

▷ S. 24 B Erstes Textverständnis – Stoff sammeln

1 *Zutreffend sind: b), e), f) und g). – Nicht zutreffend sind: a), c) und d).*

▷ S. 25 **2** *PRO: (1), (3), (4), (6), (8), (9), (10), (13), (14), (15), (16), (19) – KONTRA: (2), (5), (7), (11), (12), (17), (18)*

3 *Was sachgemäß ist, hängt auch vom gewählten Schwerpunkt der eigenen Argumentation ab. Eher unsachgemäße Argumente sind: (2), (7), (10), (12).*

▷S. 25 C Übungen

1 *a)* Kinder lernen von allein sprechen, Jugendliche bewältigen viele verschiedene Schulfächer.
b) (1) Jugendliche können Eltern Wege abnehmen, z. B. das Einkaufen.
(2) Eltern müssen Jugendliche nachts nicht mehr abholen, wenn diese selbst Auto fahren können.

2 *a)* Wenn man dieses Argument ernst nehmen würde, dann dürfte der Führerschein erst ab 26 Jahren vergeben werden.
b) Wenn auch die Erwachsenen davon profitieren, dann dürfen Jugendliche mit 16 Jahren den Führerschein erwerben.

3 *Die Aussagen a) und c) treffen zu.*

▷S. 26 **4** *Die Aussage c) passt am besten, weil* sie den Jugendlichen eine gewisse Reife in ihrer Entwicklung zuschreibt. Diese spricht auch dafür, ihnen den Führerschein bereits mit 16 Jahren zuzugestehen.

5 *a) Zusammen gehören: (1) + b), (2) + c), (3) + a).*
b) Mögliche Lösung: (1) Weil der Führerschein zunächst nur auf Probe ausgegeben wird, haben die Jugendlichen ein starkes eigenes Interesse an einem verantwortungsbewussten Fahrverhalten. *(2)* Da es in den Städten gute Nahverkehrsverbindungen gibt, scheint es nicht notwendig zu sein, den Führerschein mit 16 Jahren zuzulassen. *(3)* Die Jugendlichen dürfen kein Auto fahren, weshalb viele Jugendliche nicht am sozialen Leben, z. B. in der Disko, teilnehmen können.

6 *Mögliche Lösung: a)* Obwohl es durch die Neuregelung zu erhöhtem Verkehrsaufkommen und steigender Umweltbelastung kommen kann, sind die wirtschaftlichen Vorteile beträchtlich.
b) Hier ist auch das Mofafahren als Alternative denkbar, obwohl wir alle wissen, wie gefährdet Zweiradfahrer im Straßenverkehr sind.

▷S. 27 **7** *a)* Obwohl es seit einigen Jahren (...), ist diese Erlaubnis mit Einschränkungen verbunden.
b) In einigen Bundesstaaten der USA ist das Fahren mit 16 Jahren erlaubt, sodass sich die Frage stellt, (...).
c) Ich befürworte die Senkung der Altersgrenze, wenn bestimmte Bedingungen erfüllt sind.

8 *a) (1)* ..., mit 16 Jahren sei man ... *(2)* ..., den Jugendlichen fehle ... Verantwortungsbewusstsein.
b) (1) ..., gerade der Besuch der Disko verleite dazu, ... *(2)* ..., dadurch sei eine hohe Gefährdung ...

▷S. 28 D Einen Schreibplan aufstellen

1 *a) + b)*
(1) gelungen; mögliche Begründung: Die Einleitung hat einen interessanten Aufhänger, sie ist sprachlich angemessen formuliert und führt zum Thema hin.
(2) nicht gelungen; mögliche Begründung: Die Einleitung ist zu umgangssprachlich, sehr subjektiv und ziemlich konfus, ohne klar erkennbare Zielsetzung.
(3) nicht gelungen; mögliche Begründung: Die Einleitung ist der Situation nicht angemessen. Es wird zudem schwerfallen, inhaltlich in die Argumentation einzusteigen.

2 *a) – c) Überzeugende Argumente in einer möglichen Gewichtung sind: c)* Autofahren zu lernen fällt deutlich leichter, wenn man jünger ist; *d)* nur aktive Teilhabe bewirkt ein Verantwortungsgefühl; *e)* in der Stadt zwar nicht allzu wichtig, auf dem Land dafür sehr; *a)* erheblich sinkendes Unfallrisiko; *f)* volkswirtschaftlicher Nutzen für alle; *h)* gleiche Altersgrenzen tragen zur Glaubwürdigkeit gesellschaftlicher Normen bei Jugendlichen bei.

▷S. 29 **3** *a) Tipp: Die PRO-Argumente sind in der Lösung zu Aufgabe 2, S. 25 (im Lösungsteil S. 7) aufgeführt.*
b) Mögliche Gewichtung: (3), (10), (13), (4), (14), (6), (19), (9), (8), (1), (16), (15)
c) Argumente, die du verwenden könntest, sind z. B. zu (8) – schlechte Anbindung auf dem Land, eingeschränktes soziales Leben; zu (6) Verantwortung übernehmen, Reife bemisst sich nicht am Alter
d) Mögliche Gegenargumente, die du entkräften könntest: zu (11) Jugendliche beteiligt an vielen Unfällen, aber auch über 18-Jährige, sogar bis 25; zu (18) Alkohol am Steuer wird verhindert durch begleitetes Fahren

4 *Mögliche Gliederung:* ***Hauptteil*** *→ These: Der Führerschein ab 16 Jahren sollte eingeführt werden. → PRO: Führerschein mit 17 bereits möglich; Belege: Projekt gelungen in anderen europäischen Staaten und den USA → PRO: Jugendliche lernen besser; Beleg: Spracherwerb → KONTRA: Jugendliche haben kein Verantwortungsgefühl; Entkräftung: persönliche Reife keine Frage des Alters; Beleg: kindische Erwachsene → KONTRA: Unfallstatistik; Entkräftung: unsachlich – hätte dieser Aspekt Priorität, dürfte Führerschein erst ab 25 verliehen werden → PRO: bessere Mobilität im ländlichen Raum; Beleg: Teilhabe am sozialen Leben → KONTRA: Mofa besser geeignet; Entkräftung: Auto sicherer als Mofa → KONTRA: Alkohol; Belege: Diskobesuch; Entkräftung: Verbot durch Gesetze → PRO: Jugendliche entlasten Eltern; Beleg: Einkaufen → KONTRA: steigende Umweltbelastung, mehr Verkehr; Entkräftung: hoher volkswirtschaftlicher Nutzen; Belege: mehr verkaufte Autos → PRO: gleiche gesetzliche Altersgrenze; Belege: Geschäftsfähigkeit, Wahlrecht*

▷S. 30 **5** *Die Aussagen a) und d) treffen zu.*

6 *Mögliches Fazit:* Abschließend möchte ich betonen, dass doch viele Argumente für einen Führerschein mit 16 Jahren sprechen.
Ausblick: Die Jugendlichen werden mehrheitlich die in sie gesetzte Erwartung erfüllen und unter Anleitung und mit viel Übung zu verantwortungsbewussten Fahrern werden. *(oder Frage:)* Lohnt es nicht das Risiko gelegentlichen Scheiterns, wenn man mehrheitlich verantwortungsbewusste Fahrer heranbildet? *(oder Wunsch:)* Ich wünschte, diese Gesetzesänderung würde bald durchgesetzt und die jungen Menschen würden beweisen können, dass sie die in sie gesetzten Erwartungen erfüllen oder sogar übertreffen.

▷ S. 30 **7** *So könnte dein Artikel aussehen:*

(Einleitung) Ein altes Sprichwort lautet: Früh übt sich, wer ein Meister werden will. Daran ist viel Wahres, das auch für den Führerscheinerwerb in jungen Jahren spricht.
(Hauptteil, These) Jugendliche sollten schon mit 16 Jahren den Führerschein bekommen (steigernde Argumentation gemäß Gewichtung Aufg. 3, S. 29). Seit einigen Jahren gibt es in der Bundesrepublik die Möglichkeit, bereits mit 17 Jahren den Führerschein zu erwerben, wenn auch diese Erlaubnis mit Einschränkungen verbunden ist. Auch in anderen europäischen Staaten gilt eine ähnliche Regelung. Weil in einigen Bundesstaaten der USA das Fahren sogar bereits mit 16 Jahren erlaubt ist, stellt sich die Frage, ob in Deutschland zukünftig nicht ebenfalls die Altersgrenze für den Erwerb des Führerscheins auf 16 Jahre gesenkt werden sollte. Ich befürworte die Senkung der Altersgrenze, wenn bestimmte Bedingungen erfüllt sind.
Früh übt sich also, wer ein Meister werden will. Wir wissen aus anderen Bereichen (z. B. dem Spracherwerb), dass Kinder und Jugendliche lernfähiger sind als Erwachsene – und dies sollte man nutzen. Nicht selten behaupten Erwachsene, mit 16 Jahren sei man noch nicht trocken hinter den Ohren. Jugendlichen fehle es an Verantwortungsbewusstsein. An dieser Stelle sei entgegnet: Nicht allein das Alter entscheidet darüber, wie reif ein Mensch ist. Wohl jeder kennt unreife, geradezu kindische Erwachsene. Weil der Führerschein zunächst nur auf Probe ausgegeben wird, haben die Jugendlichen ein starkes eigenes Interesse an verantwortungsbewusstem Fahrverhalten. Es ist allerdings nicht zu bestreiten, dass die Unfallstatistiken belegen, dass junge Fahrer häufiger in Unfälle verwickelt sind als ältere. Dies gilt jedoch für die Altersgruppe bis 25 Jahre. Wenn man dieses Argument ernst nehmen würde, dann dürfte der Führerschein erst ab 26 Jahren vergeben werden, was wohl niemand wirklich wollen kann.
Da in den Städten gute Nahverkehrsverbindungen gegeben sind, scheint es nicht notwendig zu sein, den Führerschein mit 16 Jahren zuzulassen. Ganz anders sieht die Situation in den ländlichen Gebieten aus: Hier fahren Busse, wenn überhaupt, unregelmäßig, abends und am Wochenende manchmal gar nicht. Eltern müssen ihre Kinder von einem Ort zum anderen fahren. Weil sie kein Auto fahren dürfen, können viele Jugendliche nicht am sozialen Leben, z. B. in der Disko, teilnehmen. Obwohl hier auch das Mofa als Alternative denkbar ist, ist doch unbestritten, wie gefährdet Zweiradfahrer im Straßenverkehr sind. Im Auto ist man einfach sicherer.
Gegner einer Neuregelung wenden hier allerdings ein, dass gerade der Besuch der Disko dazu verleite, Alkohol zu trinken und dennoch Auto zu fahren. Dadurch sei eine hohe Gefährdung der mitfahrenden Jugendlichen gegeben. Wie beim „begleiteten Fahren" gilt selbstverständlich auch beim Führerschein mit 16 ein totales Alkoholverbot am Steuer, das durch die Polizei streng überwacht werden muss.
Wenn Jugendliche mit 16 Jahren den Führerschein erwerben dürfen, dann profitieren auch die Erwachsenen davon, z. B. können Jugendliche dann Großeinkäufe mit dem Auto erledigen oder die jüngeren Geschwister zum Sport fahren.
Obwohl es durch die Neuregelung zu erhöhtem Verkehrsaufkommen und steigender Umweltbelastung kommen kann, sind die wirtschaftlichen Vorteile groß: Die Autoindustrie als Schlüsselbranche wird von steigenden Absatzzahlen profitieren und auch der Staat kann auf erhöhte Steuereinnahmen aus der Kfz-Steuer hoffen.
Am wichtigsten erscheint mir persönlich jedoch etwas anderes: Wir schätzen in unserer Gesellschaft den Reifegrad Jugendlicher ganz unterschiedlich ein. Es wird diskutiert, die Strafmündigkeit auf 12 Jahre herabzusetzen. Seit einiger Zeit darf man mit 16 Jahren den Bürgermeister seiner Stadt wählen. Wenn das Führerscheinalter auf 16 Jahre herabgesetzt würde, würde dies dazu beitragen, Jugendlichen eine verantwortungsvolle Rolle in unserer Gesellschaft zu geben. Wem man Rechte zugesteht, der ist auch bereit, Pflichten zu übernehmen, und dies nicht nur im Straßenverkehr, sondern auch in der Familie und der Gesellschaft insgesamt: Rücksichtnahme, Verantwortungsbewusstsein und Hilfsbereitschaft sind notwendige Tugenden. Jugendliche werden durch den Führerschein mit 16 in ihrer Selbstständigkeit ernst genommen und in ihrer Persönlichkeitsentwicklung gefördert.
(Fazit) Abschließend möchte ich betonen, dass doch viele Argumente für einen Führerschein mit 16 Jahren sprechen. Die Jugendlichen werden mehrheitlich die in sie gesetzte Erwartung erfüllen und unter Anleitung und mit viel Übung zu verantwortungsbewussten Fahrern werden. Mögen mir viele zustimmen!

Punkteraster zur Selbsteinschätzung

	Anforderung: Du ...	Punkte (max.)	deine Punkte
Einleitung	*... formulierst eine **Einleitung**, in der du das **Thema** nennst, einen **Aufhänger** formulierst, die **Adressaten** ansprichst und eine **Überleitung** zum Hauptteil formulierst.*	*10 (je 2 P.)*	
Hauptteil	*... setzt dich im Hauptteil mit den Vor- und Nachteilen des „Führerscheins mit 16" auseinander, indem du:* *– die These benennst.* *– alle zuvor herausgearbeiteten PRO- und KONTRA-Argumente formulierst.* *– PRO-Argumenten zumindest teilweise KONTRA-Argumente gegenüberstellst und diese entkräftest.* *– die PRO- und KONTRA-Argumente möglichst mit treffenden Beispielen belegst.*	*2* *10 (je 1 P.)* *8* *8*	
Schluss/Fazit	*... formulierst ein kurzes Fazit, in dem du dich klar für den Führerschein mit 16 aussprichst und deine Meinung kurz begründest.*	*6*	
	Zwischensumme Einleitung/Hauptteil/Schluss	***= 44***	
Darstellungsleistung	*... stellst in deinem Artikel alles **geordnet** und **übersichtlich** dar und machst dabei **gliedernde Abschnitte** nach jeder Argumentationskette.* *... beginnst mit einem weniger wichtigen und endest mit dem wichtigsten Argument.* *... hast besonders in der Einleitung und im Schluss die **Adressaten** angesprochen.* *... verwendest in deinem Aufsatz das **Präsens**.* *... **verknüpfst** PRO- und KONTRA-Argumente mit Konjunktionen (z. B. „trotzdem", „dennoch", „obwohl", „obgleich", „weil", „deshalb" ...).*	*2* *2* *2* *2* *4*	
	Zwischensumme Darstellungsleistung	***= 12***	
	Gesamtpunktzahl	***= 56***	

56–41 Punkte (73–100 %): *Du liegst im guten bis sehr guten Bereich. Schau dir trotzdem noch einmal genau die Stellen an, an denen du dich noch verbessern kannst.*
40–33 Punkte (59–72 %): *Deine Leistungen sind durchschnittlich. Einiges gelingt dir schon ganz gut, manches musst du jedoch noch einmal üben. Versuche, Fehlerschwerpunkte zu entdecken und diese gezielt zu beheben.*
32–25 Punkte (45–58 %): *Deine Leistungen sind ausreichend. Überarbeite deine Arbeit noch einmal. Versuche, Fehlerschwerpunkte zu entdecken und diese gezielt zu beheben.*
24–0 Punkte (0–44 %): *Du hast in vielen Bereichen noch Schwierigkeiten. Sprich mit deiner Lehrerin / deinem Lehrer darüber, wie du dich verbessern kannst. Sie oder er kann dir helfen, deine Fehlerschwerpunkte zu analysieren und zu beheben.*

▷ S. 31 *Ina Deter:* Neue Männer braucht das Land – Eine Parodie schreiben

▷ S. 32 A Die Aufgabe verstehen

1 *Richtig ist die Aussage b).*

2 *Richtig sind die Aussagen a) und d).*

3 *Richtig sind die Aussagen a), c), d) und e).*

4 *Richtig sind die Aussagen b), c) und e).*

5 *Richtig sind die Aussagen a), b) und c).*

▷ S. 33 B Ideen entwickeln

1 *Das Lied hat die Aussage b).*

2 *Mögliche Lösung:* Ich beabsichtige mit meiner Parodie, die Situation zu kritisieren, in der die Schule sich in Deutschland zurzeit befindet.
Oder: Ich beabsichtige, das Verhalten von Schülern und Lehrern lächerlich zu machen.

3 *a) Räume:* Klassenraum, Aula, Schulhof, Lehrerzimmer, Toiletten, Pausenhalle ...
Gegenstände: Tafel, Pult, Kreide, Schwamm, OHP, Tische, Stühle, Computer, Mäppchen, Stifte, Karten, Bücher ...
Personen: Schulleitung, Schüler/innen, Lehrkräfte, Hausmeister, Eltern, Sekretärin, Klassensprecherin ...
Tätigkeiten positiv: lernen, lesen, aufpassen, präsentieren, schreiben, antworten, zuhören, vortragen, rechnen, denken ...
negativ: stören, reden, schlafen, schwätzen, pfuschen, abschreiben ...
Arbeitsformen: Gruppenarbeit, Partnerarbeit, Stillarbeit, Referat, Klassenarbeit, Vortrag, Hausaufgaben, Pause, Unterricht, Lehrervortrag ...
Fächer: M, E, D, F, Pk, Ge, Bio, Reli, Ph, Ch, Sp, Phil ...

▷ S. 34 C Übungen

1 *a) Mögliche Lösung:* Neue Schulen braucht das Land – Gute Schüler braucht das Land – Bessere Lehrer braucht das Land – Super Schulen braucht das Land ...

2 *Mögliche Lösung:* Ich sprüh's auf jede Schulhofwand/Wir brauchen neue Schulen im Land/Bess're Schüler braucht das Land

3 *Mögliche Lösung:* Ich sprüh's auf jede Wand/Gute Schulen braucht das Land!

4 *Es bietet sich die Schüler- oder Lehrerperspektive an. Aber auch die anderen sind denkbar.*

5 *a) Streichungen wären in der Überschrift sowie in V. 2, V. 4, V. 6, V. 8, V. 10–16, V. 18, V. 20–28 und V. 31 möglich.*
b) Die übrigen Verse könntest du übernehmen.

6 *a) Es handelt sich um Paarreime (aabb).*
b) Reimwörter zum Deter-Song:
Brett: nett, adrett, wett. *Birkenrinden:* finden, binden, schinden. *Altäre:* wäre, Sphäre, Misere, Leere. *U-Bahn:* Hahn, Elan, vertan. *Flugblätter:* Wetter, netter, Retter. *Karstadt:* satt, matt, Blatt. *BILD-Zeitung:* Prüfung. *machen:* lachen, Sachen, wachen. *laufen:* raufen, kaufen, saufen. *Bühnen:* ihnen, sühnen, rühmen. *T-Shirt:* wird, Wirt, schwirrt ...

c) Reime zum Bereich „Schule":
Klassenraum: Baum, kaum, Traum. *Lehrerzimmer:* immer, schlimmer. *Tafel:* Geschwafel. *Schulleiter:* weiter, heiter, Leiter. *Schüler:* kühler, Fühler. *Lehrer:* sehr, fair(er), mehr. *Klassensprecher:* Rächer, Fächer. *lernen:* schwärmen, entfernen. *lesen:* gewesen. *schreiben:* bleiben, treiben, kleiden. *antworten:* Orten, Sorten, horten. *zuhören:* schwören, stören. *denken:* lenken, senken, schenken ...

7 *a) Achtung: Die Betonung ist nicht in allen Versen und Strophen einheitlich!*
Zum Beispiel in Vers 1: x x́ x x́ x x́ x x́
Dagegen in Vers 4: x́ x x́ x x́ x x́
Wieder anders in Vers 8: x x́ x x́ x x x́ x

8 *a) Die heutigen Schüler ... =* ***I****ronie*
Lehrer haben ... = ***K****lischee*
Von 25 Schülern ... = ***Ü****bertreibung*
Seit Pisa ... = ***V****erzerrung* ***d****er* ***R****ealität*

▷ S. 35 *b) Mögliche Lösung:* Schüler sind fleißig und machen immer ihre Hausaufgaben (I).
Lehrer machen 30 Jahre lang den gleichen Unterricht (VdR).
Schüler heute können nicht mehr rechnen, lesen, schreiben (Ü).

c) Mögliche Lösung: Schüler sind stets fleißig.
Arbeiten abends bis 11 Uhr 30.
Lehrer entwickeln sich weiter nicht
Machen immer den gleichen Unterricht.
Schüler können nicht mehr rechnen
Vom Lesen und Schreiben nicht zu sprechen.

9 *Einleitungssatz a) ist passend.*

10 *Eine sinnvolle Reihenfolge wäre: e) → f) → g) → d) → a) → b) → c) → h) → i)*

11 *Folgende Verknüpfungen sind nicht gut geeignet: b), f) und h).*

▹S. 36 D Einen Schreibplan aufstellen

1 *Richtig sind a), d), e), g), i) und j).*

2 a) *So könnte deine Parodie auf Ina Deters Song aussehen (alle Änderungen im Original sind* **kursiv***):*

Neue *Schulen* braucht das Land

Ich sprüh's auf jede Häuserwand
Ich such *die beste Schule* im Land
Ein' Zettel an das Schwarze Brett
Schüler, seid doch auch mal nett!

Kratze es in Birkenrinden
Möchte gute Lehrer finden
Schreib's in Gold auf die Altäre
Helft uns aus der Schulmisere!

Male es auf jede U-Bahn,
Eltern, Lehrer, packt doch mit an!
Die neue Schule – her damit!
Macht Schüler für die Zukunft fit!

In Rechnen, Schreiben, Denken, Lesen
Nach Pisa muss die Schul genesen!
In Reli, Englisch, Bio, Sport:
„Methoden" heißt das Zauberwort!

Lass es im Werbefernsehn laufen
Bitte neues Lernmaterial kaufen
Singe es von allen Bühnen
Schüler, lernt euch zu benehmen!

Nicht nur quatschen, dösen, stören
So lernt man nix, das kann ich schwören!
Etwas mehr Arbeit investieren
Und ihr werdet sicher profitieren!

Und Lehrer, gebt auch ihr euch Mühe
Nicht immer nur die alte Brühe
Aus den vergangnen hundert Jahren
Wir woll'n ne Chance auf die Zukunft wahren!

Refrain:

Ich sprüh's auf jede Wand
Neue *Schulen* braucht das Land!

b) *So könntest du deine Parodie begründen:*

Ich wähle wie die Song-Vorlage von Ina Deter die Ich-Perspektive.
Meine Absicht ist es, die heutige Schule zu kritisieren. Dabei fordere ich Schüler, Lehrer (und Eltern) zur Mitarbeit auf.
Nach Möglichkeit behalte ich den Text der Vorlage bei und ersetze nur einzelne Wörter oder Verse (z. B. Strophe 1, 2, 5 und der Refrain). Aber ich schreibe auch ganze neue Strophen: 3, 4, 6, 7.
Dabei achte ich darauf, dass Betonung (Metrum) und Reimschema der Vorlage möglichst beibehalten werden.

▹S. 37 *Walter Helmut Fritz:* Augenblicke – Einen inneren Monolog gestalten

▹S. 39 A Die Aufgabe verstehen

1 *Gestalte … inneren Monolog von Elsa.*
Reflektiere .. dein Vorgehen
Warum denkt Elsa so?
Eindruck von Elsa
… begründest du Sprache und Stil …?

2 *Richtig sind a), c) und e).*

3 *Richtig sind a), c), e) und f).*

▹S. 39 B Ideen entwickeln

▹S. 40 **1** a) *Mögliche Lösung:* Am ehesten trifft wohl die Zeichnung links oben zu, da die Mutter den Kontakt zu Elsa sucht, diese sich jedoch verweigert.
b) *Mögliche Lösung:* E | ← M
c) *Mögliche Lösung:* Elsa möchte von ihrer Mutter in Ruhe gelassen werden und blockt ihre Annäherungsversuche ab.

2 a) – c) *Tipp: Die Lesetechniken kannst du auf Umschlagseite 4 nachschlagen.*

3 *Mögliche Lösung: häusliche Situation:* angespannt, beengt; *Zukunftspläne:* eigene Wohnung; *Wünsche der Mutter:* Zuwendung, Nähe; *Elsas Gefühle für die Mutter:* Ungeduld, Ärger, Ablehnung …

▷ S. 40 C Übungen

1 *Aussage b) ist richtig.*

2 *Beispielsweise:*
Mutter kommt ins Badezimmer – kein Sinn für Verzweiflung der Tochter – Wohnungswunsch – keine Geduld mehr mit Mutter – Mutter allein, krank, langweilig, Liebe zur Tochter – angezogen von der Stadt

▷ S. 41 **3** *Grammatische Form/Person:* Ich-Form, 1. Person Singular
Tempus: Präsens
Sprachstil: Der Stil nähert sich der mündlichen Sprache, mit kurzen Sätzen, manchmal unvollständig.
Besondere Satzzeichen: Ausrufezeichen, Gedankenstrich, „...“

4 *Mögliche Lösung:* „Also wirklich – sie kann mich keine zwei Minuten lang allein lassen! Glaubt sie, ich merke nicht, dass sie mich beobachtet? Dieser Hundeblick, nicht auszuhalten. Nichts wie raus hier!“

5 *a) Der Stil der Geschichte von W. H. Fritz ist sehr zurückhaltend. Deshalb darf der innere Monolog nicht zu salopp oder jugendsprachlich sein. Der Satzbau sollte nicht zu stark mündlich wirken. Sonst entsteht ein zu scharfer Bruch zwischen der Geschichte und deinem inneren Monolog – das wäre ein Fehler.*

6 *Die abgedruckten Monolog-Anfänge sind beide für eine Fortsetzung angemessen.*

▷ S. 42 D Einen Schreibplan aufstellen

1 *Vergleiche hierzu die Lösungen zu Aufg. B 2, B 3 (im Lösungsteil S. 12) und C 2 auf S. 40.*

2 *Nicht passend sind z. B. zu distanzierte, also von außen beobachtete Inhalte, aber auch zu Umgangssprachliches und Emotionales. (Vergleiche dazu auch die Lösung zu Aufg. C 5, S. 41.)*

3 *Der Monolog könnte mit der Situation einsetzen, in der Elsa sich gerade befindet: Sie sitzt in der stillen Wohnung. Dann könnten Elsas Gedanken über den Tag folgen: der Streit im Bad, ihre Gefühle dazu, Erlebnisse in der Stadt, ihre Zukunftspläne ... Abschließend könnte ein Plan gefasst werden, wie Elsa ihre Situation verändern, ihrer Mutter helfen oder in Zukunft mit ihr umgehen möchte.*

4 *So könnte ein innerer Monolog Elsas aussehen:*

Endlich Ruhe! Ein Glück, dass Mama nicht „zufällig“ im Flur stand. Ich glaube, dann hätte ich ihr sofort gesagt, dass ich ausziehen will. – Aber so kurz vor Weihnachten? Das kann ich ihr auch nicht antun!

Aber wenn sie noch mal so auffällig „unauffällig“ ins Bad kommt, dann flipp ich aus. Ich kann mich ja nicht mal in Ruhe schminken. Und dann diese demütige Haltung, als ob sie mich gar nicht stören will! Dabei tut sie es!! Sie tut es immer wieder!!! Nicht einmal in meinem eigenen Zimmer kann bin ich ungestört. Und ständig länger arbeiten, nur um nicht nach Hause gehen zu müssen, ist doch auch keine Lösung.

Und was mach ich Feigling? Lächle dazu, spreche ganz sanft mit ihr, raste nicht aus, obwohl ich ihr das alles heute Morgen am liebsten ins Gesicht geschrien hätte. Sieht sie denn nicht, dass ich total verspanne? Merkt sie nicht, dass ich weglaufe, wenn sie den Raum betritt, dass ich abends immer länger wegbleibe?
Ich fühl mich zu Hause verfolgt, möchte einfach nur fliehen ...
Flucht – das ist das richtige Wort! Ich bin irgendwie auf der Flucht ... Vor meiner Mutter, vor mir, vor einer Entscheidung.

Wenn doch Papa noch leben würde. Der könnte sich um sie kümmern. Ich würde sie einladen und nach dem Kaffeetrinken wären sie auch wieder weg. Aber so? Wenn sie wieder krank wird, wer hilft ihr dann? Und mit wem kann sie reden?
Vielleicht sprech ich mal mit Tante Gisela. Die lebt auch allein, hat aber viele Bekannte, seit sie zu ihrem Fotografie-Kurs geht.
Und ich? – Doch, die idee mit der Wohnung ist spitze! Fünfzig Quadratmeter wären prima.

Und die Stadt ist klasse! Niemand hat mich angemacht, die Leute sind einfach so an mir vorbeigegangen. Und die vielen Lichter – wie bunte Sterne!
Ja, ich will unbedingt eine Wohnung in der Stadt und mit einem großen Bad nur für mich! – Dann muss ich zwar selber die Wäsche waschen, bügeln ... Aber egal, das gehört eben zur Freiheit dazu.

Hoffentlich versteht sie meine Entscheidung, dass ich das für mich mache, nicht gegen sie ... ich werde es ihr erst *nach* Weihnachten sagen. Vielleicht schreibe ich auch einen Brief? Dann könnten wir uns beide in Ruhe auf ein Gespräch vorbereiten. Ich glaube, das ist gut, ein Brief ...

5 *Hier einige mögliche Erläuterungen zu diesem inneren Monolog von Elsa:*

a) Ich habe die folgenden Punkte der Geschichte in meinem inneren Monolog berücksichtigt: Die Situation im Bad, Elsas spätes Nachhausekommen, den Tod des Vaters, die Einsamkeit der Mutter. Diese Aspekte führen nämlich zu den Konflikten mit ihrer Mutter. Aber auch Elsas Tag in der Stadt habe ich erwähnt, da sie hier ein anderes Leben kennen lernt, das für sie Freiheit bedeutet und auf das sie sich sehr freut.

b) In dem inneren Monolog von Elsa möchte ich darstellen, dass sie ein gespaltenes Verhältnis zu ihrer Mutter hat: Einerseits liebt sie sie, andererseits möchte sie nicht länger mit ihr zusammenleben, weil sie sich eingeengt fühlt. Dabei soll deutlich werden, dass Elsa selbst darunter leidet, dass sie sich ihrer Mutter gegenüber anders verhält, als sie fühlt. Sie lächelt zum Beispiel, obwohl sie ihre Mutter am liebsten anschreien möchte.
Weil sie ihre Mutter nicht mit dem Auszug verletzen will, geht sie der Entscheidung ständig aus dem Weg. Deshalb habe ich das Bild der „Flucht" gewählt, denn Elsa flieht vor ihrer Mutter genauso wie vor ihrer eigenen Entscheidung.
Am Ende entscheidet sich Elsa für den Auszug. Trotzdem ist es mir wichtig, Elsa als eine einfühlsame Tochter darzustellen, die sich wie in der Kurzgeschichte Sorgen um ihre Mutter macht. Deshalb will sie ihr die Entscheidung erst nach Weihnachten mitteilen und außerdem ihre Tante Gisela einschalten. Ich denke, dass Elsas Brief eine gute Möglichkeit ist, ihrer Mutter von dem geplanten Auszug zu berichten, denn dann sieht sie ihr enttäuschtes Gesicht nicht und nimmt nicht aus schlechtem Gewissen ihre Entscheidung zurück.

c) Als Sprachstil habe ich keine strenge Schriftsprache, sondern die gehobene Umgangssprache gewählt. Elsa ist zwanzig Jahre alt, also kein Teenager mehr. Auch in der Kurzgeschichte, in Elsas Gedanken wird keine Jugendsprache verwendet.
Da ein innerer Monolog die Gedanken eines Menschen wiedergibt, habe ich auch Satzabbrüche, Einschübe und plötzliche Themenwechsel eingebaut. Auch habe ich Fragen formuliert, die Elsa sich stellen könnte.

▷ S. 42

E Den eigenen Text überarbeiten

1 *a) Fehler des inneren Monologs:*
- *Er beginnt inhaltlich falsch: Elsa ist ratlos und niedergeschlagen. Sie wird deshalb nicht „lächeln".*
- *Elsa kann auch nicht „morgen" noch einmal zur Wohnungsvermittlung gehen, da heute Samstag (vgl. Z. 34 auf S. 38), morgen also Sonntag ist.*
- *Elsa hat in eine Bar nur „hineingesehen" (S. 38, Z. 35); von „Leuten kennen lernen" und „'nen Cocktail trinken" darf der innere Monolog deshalb nicht sprechen.*
- *Der letzte Satz des inneren Monologs geht auf Gedanken und Verhalten der Mutter ein – das ist falsch: Er darf nur Elsas Sichtweise und Überlegungen enthalten.*
- *Formulierungen und Wörter wie „echt gut" und besonders „megageil" weichen sehr stark vom Stil der Geschichte ab. Sie sollten vermieden werden.*

2 *Es sollten alle drei Aspekte in deiner Erläuterung angesprochen werden.*

▷ S. 43 „Ihre Anzeige ist mir direkt aufgefallen." – Ein Bewerbungsschreiben überarbeiten

▷ S. 44 A Die Aufgabe verstehen

1 *Richtig sind b) und d).*

▷ S. 45 B Stoff sammeln

1 *Fehler der äußeren Form:*
- *Der Rand links ist zu schmal.*
- *Schriftart und -größe der Betreff-Zeile sind übertrieben. Normale oder fette Schrift oder unterstreichen genügt.*
- *Der Brieftext ist nicht durch genügend viele Absätze gegliedert.*
- *Der letzte Absatz ist zu eng geschrieben.*

2 *Bankkauffrau/-mann – Mittlere Reife – Abitur/Fachhochschulreife – tabellarischer Lebenslauf, Lichtbild, Zeugnisse – Durchschnitt 3,0 – 31. Oktober 2010 – Anschrift Bausparkasse*

3 *Inhaltliche Fehler:*
- *Genauer Fundort und Datum der Anzeige fehlen.*
- *Genaue Klassenangabe, Schulabschlussdatum und Art des Abschlusses fehlen.*
- *Die angeführten Voraussetzungen für die Stelle sind nicht überzeugend genug.*
- *Hinweise auf mögliche Telefon- und Handy-Kontakte sind unpassend.*
- *Auch der Noten-Hinweis ist überflüssig.*

4 *Die ersten beiden Sätze (Z. 12) sind nichtssagend und überflüssig.*
„In Mathe bin ich auch nicht schlecht." (Z. 14 f.) ist unpassend salopp formuliert.
Die Sätze Z. 15–18 beginnen alle mit „Ich ...". Hier sind Umstellungen und andere Formulierungen nötig. Auch lassen sich Einzelsätze zu Satzgefügen verbinden.
„... auch ganz cool" (Z. 19) ist unpassend jugendsprachlich, ebenso wie die Verabschiedung „Liebe Grüße" (Z. 24).
Zeile 22/26 heißt es falsch „Beilage" statt richtig „Anlage".

5 *Orthografische Fehler:*
*Frau L**o**nden statt L**i**nden (Z. 7) – des Bankkaufmann**s** (Z. 16) – Computerke**n**ntnisse (Z. 17) – schlie**ß**lich (Z. 18) – interessi**e**ren (Z. 20) – **I**hnen (Z. 21) – **n**achmittags (Z. 22)*
Fehler in der Zeichensetzung:
Satzreihe (Z. 15–17): ... Bankkaufmann erhalten, ich habe ...; Satzgefüge (Z. 18–19): Ich denke, bei ...

▷ S. 45 C Übungen

1 *Richtig ist b).*

2 *Ausschließlich Anrede b) ist korrekt.*

3 *Richtig ist b).*

▷ S. 46 **4** *a) Folgende Angaben fehlen:*
- Ein Hinweis, **wann** – Woche?, Tag? – und **wo** im Internet die Recherche durchgeführt wurde.
- Um welche angebotene Stelle geht es?

b) Mögliche Lösung: Bei der Stellensuche auf der Homepage der Bergischen Zeitung bin ich in der vergangenen Woche auf Ihre Stellenanzeige vom 08.08.2010 gestoßen. Sie bieten darin einen Ausbildungsplatz zur Bankkauffrau/zum Bankkaufmann an, auf den ich mit hiermit bewerbe.

5 *Mögliche Antwort:* Die Zeitangabe „im Sommer" (S. 43, Z. 14) ist ungenau. Der genaue Schulabschluss fehlt ganz.

6 a) *Mögliche Lösung:* Mit „Deutsch und Kunst" beweist man kein besonderes Interesse für die Arbeit eines/r Bankangestellten. „Mathe ... auch nicht schlecht" (S. 43, Z. 14 f.) ist dagegen zu wenig für die angestrebte Stelle.
Richtig sind die Hinweise auf Praktikum und Computerkurse und -kenntnisse.
Die abschließenden Bemerkungen zu Fitness-Studio und Kino sind für einen Bankberuf wieder überflüssig.

b) *Mögliche Lösung:* Praktikum in einer Bankfiliale absolviert, Lieblingsfach Mathematik, Computerkenntnisse durch Informatikkurs ...

▷ S. 47 **7** *Vergleiche dazu die Muster-Bewerbung in diesem Lösungsheft S. 16.*

8 *Zum Beispiel:*
Ich habe ein dreiwöchiges Praktikum gemacht, das in unserer Sparkasse stattfand, wobei ich viel über das Bankwesen gelernt habe.
Ich habe ein ... Praktikum in unserer Sparkasse gemacht, bei dem ich ... gelernt habe.

9 *Mögliche Lösung:* Ich habe an einem Informatikkurs in meiner Schule teilgenommen, durch den ich solide Computerkenntnisse erworben habe. Durch meine Teilnahme an einem Informatikkurs habe ich während der Schulzeit sowohl Word als auch Excel sehr gut beherrschen gelernt.

▷ S. 48

D Einen Schreibplan aufstellen

1 *So könnte das von dir überarbeitete Bewerbungsschreiben bei der Bausparkasse aussehen:*

Paul Petermann
Petrastr. 5
51489 Köln
Tel. 0221 673456
ppetermann@t-online.de

Köln, den 11.8.2009

Bausparkasse
Bergisch Bau AG
Personalabteilung
– Frau Linden –
Ringstr. 53–55
51429 Bergisch-Gladbach

Bewerbung um einen Ausbildungsplatz zum Bankkaufmann
Bergische Zeitung vom 08.08.09

Sehr geehrte Frau Linden,

durch Ihre Anzeige in der Bergischen Zeitung vom 08.08.09 bin ich auf die Ausschreibung einer Ausbildungsstelle zum Bankkaufmann aufmerksam geworden, um die ich mich hiermit bewerbe.
Zurzeit besuche ich die 10. Klasse der Gertrud-Bäumer-Gesamtschule in Köln, die ich voraussichtlich im Juni 2010 mit der Fachoberschulreife verlassen werde.
In der Schule zeige ich immer großes Engagement in meinen Lieblingsfächern Mathematik, Deutsch und Kunst. Während meines Praktikums bei der Stadtsparkasse erhielt ich einen guten Einblick in die Tätigkeit des Bankkaufmanns. Dort konnte ich meine Computerkenntnisse (Textverarbeitung und Excel) anwenden, die ich in einem Informatikkurs erworben habe. Deshalb denke ich, dass ich für diese Ausbildungsstelle besonders gut geeignet bin.
Über ein persönliches Vorstellungsgespräch würde ich mich sehr freuen und stehe Ihnen für weitere Fragen jederzeit zur Verfügung.

Mit freundlichen Grüßen
Paul Petermann

Anlagen
- Tabellarischer Lebenslauf mit Lichtbild
- Kopie des Versetzungszeugnisses
- Praktikumsbescheinigung

2 *Den zweiten Teil der Klassenarbeit (vgl. S. 43) könntest du – ausgehend von der Musterbewerbung oben und der fehlerhaften Bewerbung auf S. 43 – folgendermaßen bearbeiten:*

Das überarbeitete Bewerbungsschreiben weist gegenüber der fehlerhaften Vorlage folgende Änderungen und Verbesserungen auf:

1. Äußere Form

Ich habe auf einen genügend breiten Rand geachtet. Weiterhin habe ich Betreffzeile und Anlagen hervorgehoben, ohne aber zu übertreiben.
Ich habe auf gleichmäßigen Zeilenabstand geachtet und Absätze gemacht, wo es inhaltlich sinnvoll ist.

2. Rechtschreibung

Die zahlreichen Rechtschreibfehler der Vorlage habe ich korrigiert.

3. Inhaltliche Ergänzungen

Ich bin näher auf den Fundort und das Datum der Anzeige eingegangen. Dann habe ich die jetzige und spätere Schulsituation von P. Petermann genauer beschrieben. Weshalb er besonders gut für die Stelle geeignet ist, habe ich begründet und mit Beispielen belegt. Telefon- und Handynummer habe ich nicht angegeben, dafür habe ich die Anlagen einzeln genannt.

4. Sprachliche Verbesserungen

Sprachlich habe ich umgangs- und jugendsprachliche Ausdrücke („cool“, „nicht schlecht“) vermieden und darauf geachtet, dass die Satzanfänge abwechseln. Neben einzelnen Hauptsätzen habe ich auch Satzgefüge gebildet.

▷ S. 49 *Veit Wolpert*: Schülergerichte statt Jugendrichter – Eine Rede analysieren

▷ S. 50 A Die Aufgabe verstehen

1 *Richtig sind die Aussagen a), b), d), f) und g).*

▷ S. 50 B Erstes Textverständnis

2 *Mögliche Antwort: Ein „Teen Court" ist ein Schülergericht. Drei Schülerinnen oder Schüler sprechen 30 bis 90 Minuten lang mit einem jugendlichen Täter über die Motive und Folgen seiner Tat. Sie handeln eine Form der Wiedergutmachung aus. Hält sich der Täter an diese Vereinbarung, kann der Staatsanwalt das Verfahren einstellen.*

3 *Bei b) und c) wirken Erwachsene auf die Jugendlichen ein, bei a) Jugendliche.*

4 *Richtig sind die Aussagen a) und d).*

5 *Besonders deutlich wird Wolperts Redeabsicht in Zeile 66–69: „Die Rückfallquote sinkt, eine kriminelle Karriere findet nicht statt. Meine Damen ..."*

6 *Mögliche Antwort:* Veit Wolpert möchte die Abgeordneten überzeugen, Modellprojekte mit Teen Courts zu beginnen. Er hält diese in leichteren Fällen für erzieherisch wirksamer als das Jugendstrafrecht.

▷ S. 52 C Übungen

1 *a) Jugendkriminalität, Jugendstrafrecht, Erziehungsgedanke, „Teen Courts" oder Schülergerichten, Maßnahmemöglichkeiten, Auflagen, Zuchtmitteln, Jugendstrafe, kriminelle Karriere, staatsanwaltlichen Bereich, Diversion, sozialen Trainingskurs, Täter-Opfer-Ausgleich, Einstellung des strafrechtlichen Verfahrens, erzieherischen Maßnahmen, Ableisten von gemeinnütziger Arbeit, automatisch, Einsichtsfähigkeit, Konsequenzen, Verfahrenseinstellung ohne Auflagen, Maßnahmen wie gemeinnützige Arbeit, Tatmotive, Ermittlungsarbeit über den Tathergang, Vereinbarung zur Wiedergutmachung der Tat, den Erziehungsberechtigten, gemäß §45 II JGG das Verfahren einstellen, Jugendtypische Straftaten, Pubertät, Reaktion, Verhandlung mit Gleichaltrigen, erzieherischen Maßnahmekatalogs, Jugendgerichtsverfahren, Auflagenerfüllung, Rückfallquote, erzieherische Instrument, Modellprojekten.*
b) Die meisten Fachwörter entstammen dem juristischen Bereich.
c) Mögliche Antwort: Die Rede wirkt sehr sachlich und fachlich gut informiert. Man vermutet, dass der Redner selbst Anwalt ist und viel von dem Thema versteht, über das er spricht.

2 *a) Z. 19–23, Z. 37–38*
b) Die Fragen regen die Zuhörenden an, sich selbst eine Meinung zu bilden. Sie lenken zugleich die Aufmerksamkeit unauffällig auf die Antworten, die der Redner auf seine eigenen Fragen anbieten will.

3 *a) „Jugendliche können besser erfragen, verstehen und erkennen" (Z. 44–45), „Jugendliche Straftäter fühlen sich im Verfahren besser verstanden, setzen sich mit ihrem Verhalten stärker auseinander und sind deshalb eher zum Umdenken bereit" (Z. 63–65)*
b) Mögliche Antwort: Diese Art der steigernden Aufzählung hebt das angeführte Argument sprachlich hervor und betont die Gültigkeit des Gesagten.

4 *a) Z. 1 (Anrede zu Beginn); Z. 34, Z. 67–69*
b) Mögliche Antwort: Das Publikum fühlt sich persönlich einbezogen und ist vielleicht offener für die Argumentation des Redners.

5 *Mögliche Lösung:* Veit Wolpert verwendet nur wenige bildhafte Gestaltungsmittel/Metaphern. Er spricht vom „Strauß an Maßnahmemöglichkeiten" (Z. 9–10) und behauptet, „Wege zum Erwachsenwerden sind verschlungen" (Z. 40–41). Da seine Sprache ansonsten überwiegend sachlich ist, merkt man an diesen Stellen als Zuhörer auf und hört aufmerksam zu.

6 *Mögliche Antworten: **zustimmend**: Wenn Veit Wolpert sagt, dass Jugendgerichte bei leichteren Straftaten eher dazu beitragen, Jugendliche zu einem anderen Verhalten zu erziehen, dann hat er sicher Recht. Wolpert stellt überzeugend dar, dass Jugendliche besser auf Gleichaltrige eingehen können. Für dieses Argument führt er wissenschaftliche Studien als Beispiel an. Zudem hebt der Redner die erzieherische Wirkung eines Verfahrens hervor, das auf Einsicht statt auf Strafe setzt. Er betont, dass kriminelle Karrieren so vermieden werden können. Ich habe neulich erlebt, dass sich auf dem Schulhof ein Schläger bei seinem Opfer entschuldigt hat, nachdem die Klassenkameraden ihn zur Rede gestellt haben. Das ist doch ein echter Beweis dafür, dass Gleichaltrige ein verändertes Verhalten bewirken können.*
__ablehnend__: Wenn Veit Wolpert sagt, dass Jugendliche sich von Gleichaltrigen besser zu einem anderen Verhalten anregen lassen, dann muss ich ihm leider widersprechen. Wolpert stellt wenig überzeugend dar, dass Jugendliche besser auf Gleichaltrige eingehen können. Aber diese nehmen im Gegenteil andere Jugendliche gar nicht ernst, ein Jugendgericht zeigt da mehr Wirkung. Die Tochter unserer Nachbarn wurde mehrfach bei Diebstählen erwischt. Sie hat erst damit aufgehört, nachdem sie 200 Sozialstunden im Altenpflegeheim abgeleistet hat. Der Redner hebt die erzieherische Wirkung eines Verfahrens hervor,

das auf Einsicht statt auf Strafe setzt. Er meint, dass kriminelle Karrieren so vermieden werden können. Ich halte dagegen: Wenn Erziehung etwas gegen Kriminalität ausrichten könnte, dann gäbe es ja keine Kriminellen. Ich bin absolut gegen Schülergerichte und würde eher mehr Jugendstrafanstalten bauen lassen.

▷S. 53

D Einen Schreibplan aufstellen

1 *a) Die Einleitung enthält Titel und Thema (worüber?), Adressaten (für wen?). Es fehlen Angaben zum Redner (wer redet?) und zum Ort der Rede (wo?).*
b) Mögliche Einleitung (Informationen sind teils den Fußnoten zum Text zu entnehmen): Die vorliegende Rede „Schülergerichte statt Jugendrichter" hat Veit Wolpert in seiner Funktion als rechtspolitischer Sprecher der FDP-Fraktion anlässlich der Veröffentlichung der Kriminalstatistik für das Jahr 2005 am 9. Juni 2006 im Landtag von Sachsen-Anhalt gehalten. In Schriftform veröffentlicht wurde die Rede auf der Homepage der FDP-Fraktion. Der Redner bemüht sich, die Abgeordneten und ihren Ministerpräsidenten von den Vorzügen von Teen Courts zu überzeugen. Er möchte ein entsprechendes Modellprojekt starten.

2 *a) In den Hauptteil gehören b), c), d) und e); in den Schluss gehört a).*
b) Die empfohlene Reihenfolge ist b), e), c), d), a).

3 *a) – c) Hier ist eine individuelle Lösung möglich.*

4 *Mögliche Lösung: [...] Zu Beginn (Z. 2–8)* ***schickt*** *der Redner* ***voraus****, [...] beschreibt Wolpert die Nachteile von Jugendstrafen und* ***betont****, dass [...]. Als Begründung* ***erklärt*** *er, dass [...]. Etwas ausführlicher (Z. 37–60)* ***führt*** *Wolpert dann* ***aus****, dass [...]. Abschließend (Z. 61–69)* ***fasst*** *Wolpert noch einmal* ***zusammen****, was [...] und er* ***fordert****, dass [...].*

▷S. 54

5 *Mögliche Ergänzungen:* Im nächsten Absatz, dabei, anschließend, Zudem ...

6 *So könnte eine Musterlösung für Hauptteil und Schluss aussehen:*

(**Hauptteil** – am Anfang des Hauptteils sollte auf den Inhalt der Rede eingegangen werden, anschließend auf die sprachliche Gestaltung) Zu Beginn der Rede (Z. 2–8) schickt der Redner voraus, dass er Teen Courts für eine geeignete Erziehungsmaßnahme hält. In den folgenden beiden Absätzen (Z. 9–23) beschreibt Wolpert die Nachteile von Jugendstrafen und betont, dass sie nur eingeschränkt erzieherisch wirken. Als Begründung erklärt er, dass für die Erziehung jugendlicher Straftäter die Auseinandersetzung mit der Tat entscheidend ist (Z. 19–23). Anschließend (Z. 24–36) umreißt er die Vorgehensweise der Schülergerichte. Etwas ausführlicher (Z. 37–60) führt Wolpert dann aus, dass er Teen Courts für geeignet hält, weil Jugendliche ein besseres Verständnis für jugendliche Täter aufbringen würden, welche gegenüber Gleichaltrigen offener seien und sich zum Nachdenken über ihre Tat anregen lassen würden. Abschließend (Z. 61–69) fasst Wolpert noch einmal zusammen, was die Vorteile von Teen Courts sind, und er fordert, dass ein entsprechendes Modellprojekt in die Wege geleitet werden soll.
Sprachlich ist die Rede sehr sachlich und nüchtern gefasst. Der Redner ist indirekt als Jurist zu erkennen: Er kennt sich offenbar mit unserem Rechtssystem gut aus und verwendet viele Fachbegriffe. Einige sprachliche Gestaltungsmittel beziehen die Zuhörenden direkt ein. Wolpert leitet einige seiner Gedanken mit Fragen ein und er spricht das Publikum mehrfach persönlich an. Die Metapher „Strauß an Maßnahmemöglichkeiten" (Z. 9–10) betont anschaulich die Vielfalt der verfügbaren Maßnahmen, die jedoch erst bei schwereren Straftaten angewendet werden. Der Redner verwendet eine weitere Metapher, um sein Verständnis für die entwicklungsbedingten Probleme jugendlicher Straftäter hervorzuheben: „Die Wege zum Erwachsenwerden sind verschlungen" (Z. 40–41). Sie macht anschaulich, dass sich Jugendliche während der Pubertät in einer komplizierten Lebensphase befinden. Ihre Gedanken und Gefühle sind dann für Erwachsene oft nicht oder nur schwer nachvollziehbar. Will Wolpert die Aufmerksamkeit seines Publikums auf bestimmte Aspekte der Argumentation lenken, so verwendet er steigernde Aufzählungen. Er traut Jugendlichen einen besseren Zugang zu jugendlichen Straftätern zu und unterstreicht dies, indem er angibt: „Jugendliche können besser erfragen, verstehen und erkennen" (Z. 44–46). Er fügt dem später hinzu: „Jugendliche Straftäter fühlen sich im Verfahren besser verstanden, setzen sich mit ihrem Verhalten stärker auseinander und sind deshalb eher zum Umdenken bereit." (Z. 63–65) Seine Wertschätzung der Teen Courts kommt hier klar zum Ausdruck.
(Schluss) Wenn Veit Wolpert sagt, dass Jugendgerichte bei leichteren Straftaten eher dazu beitragen, Jugendliche zu einem anderen Verhalten zu erziehen, dann hat er sicher Recht. Wolpert stellt überzeugend dar, dass Jugendliche besser auf Gleichaltrige eingehen können. Für dieses Argument führt er wissenschaftliche Studien als Beispiel an. Zudem hebt der Redner die erzieherische Wirkung eines Verfahrens hervor, das auf Einsicht statt auf Strafe setzt. Er betont, dass kriminelle Karrieren so vermieden werden können. Ich habe neulich erlebt, dass sich auf dem Schulhof ein Schläger bei seinem Opfer entschuldigt hat, nachdem die Klassenkameraden ihn zur Rede gestellt haben. Das ist doch ein echter Beweis dafür, dass Gleichaltrige ein verändertes Verhalten bewirken können.

▷ S. 54

E Den eigenen Text überarbeiten

1 Punkteraster zur Selbsteinschätzung

	Anforderung: Du ...	Punkte	deine Punkte
Einleitung	... *formulierst einen vollständigen* ***Einleitungssatz****, der folgende Elemente enthält:* – *Redner/in, Titel, Thema (z. B. Vorzüge von Teen Courts), Adressaten/Zielgruppe, Redeanlass (Veröffentlichung der Kriminalstatistik 2005 im Landtag von Sachsen-Anhalt), Redeabsicht (Abgeordnete von Schülergerichten überzeugen).*	*6*	
	Zwischensumme Einleitung	***=6***	
Hauptteil	... *gibst den Inhalt der Rede knapp und präzise wieder:* *z. B. Einteilung in 6 Sinnabschnitte, formal korrekte Textbelege.*	*12*	
	... *formulierst die Absicht (den Zweck) der Rede (Aufforderung, ein Modellprojekt „Teen Courts"/„Schülergerichte" einzuführen).*	*2*	
	... *analysierst und deutest die sprachlichen Gestaltungsmittel:* – *Sprachebene/Fachwortverwendung,* – *(rhetorische) Fragen,* – *direkte Ansprache,* – *Metaphern,* – *steigernde Aufzählungen.*	*10 (je 2)*	
	Zwischensumme Hauptteil	***=24***	
Schluss/Stellungnahme	... *formulierst* ***deine*** *eigene* ***Meinung.***	*2*	
	... *begründest deine Meinung mit zwei Argumenten aus dem Text.*	*4 (je 2)*	
	... *beziehst als Beleg/Beispiel eigene Erfahrungen aus deinem Umfeld ein (Schule, Familie, Nachbarschaft, Freundeskreis).*	*2*	
	... *schreibst auf der Grundlage deiner Argumentation eine kurze Schlussfolgerung.*	*2*	
	Zwischensumme Stellungnahme	***=10***	
Darstellungsleistung	... ***gliederst*** *deinen Text* ***flüssig und klar*** *und formulierst die analytischen Ergebnisse geordnet und übersichtlich:* – *z.B. mit Hilfe von Überleitungssätzen,* – *z.B. mit Begriffen aus der Formulierungshilfe.*	*6*	
	... *formulierst grammatisch sicher; drückst dich genau und abwechslungsreich aus:* – *z.B. durch Konjunktionen wie z.B. da, weil, damit, obwohl ...,* – *z.B. durch passende Überleitungen,* – *z.B. durch abwechslungsreiche Verben.*	*6*	
	... *belegst Aussagen durch angemessenes und korrektes Zitieren.*	*4*	
	Zwischensumme Darstellungsleistung	***= 16***	
	Gesamtpunktzahl	***= 56***	

Zur Bewertung deiner Punktzahl ▷ *siehe S. 10 in diesem Lösungsheft.*

▷ S. 55 *Esther Körfgen:* Das Asyl – Eine Geschichte untersuchen

▷ S. 56 A Die Aufgabe verstehen

1 *Die richtige Reihenfolge ist:* untersuchen – verstehen – wiedergeben – nennen – erklären – beschreiben – „untermauern".

▷ S. 56 B Erstes Textverständnis – Stoff sammeln

1 *a) Beispiele für die Lösung: plötzlicher Beginn: „Sie freute sich." (Z. 1); einfache Handlung: Frau möchte Bekannte besuchen. (Vgl. Z. 15–18, Z. 32);offener Schluss: „Und so [...] zurück zu ihrem Zimmer." (Z. 89f.) ...*
b) Mögliche Lösung: Umgangssprache: „Nicht wechseln – kaufen!" (Z. 84); Momentaufnahme: Eine Episode von wenigen Stunden aus dem Leben von Frau Hagadir wird erzählt ...

▷ S. 56 C Übungen

1 *Über die Gefühle und Empfindungen von Frau Hagadir erfährt man etwas in Z. 1, 7, 27, 36, 44, 50, 57, 64, 69, 72, 80f., 85ff.*

2 *Der Heimleiter ist aufmunternd (Z. 9ff.).*
Ein Mann ist unfreundlich (Z. 37ff.).
Eine Frau und Passanten haben keine Zeit (Z. 47ff.).
Eine Verkäuferin ist abweisend (Z. 83f.).

▷ S. 57 **3** *Am Morgen/*1 *– Zum Besuch aufbrechen/*2 *– Vor dem Fahrscheinautomaten/*3 *– Vor der Rolltreppe/*4 *– Auf dem Bahnsteig/*5 *Wieder in der U-Bahn-Halle/*6 *– Der Schluss/*7

4 *a) + b) Mögliche Lösung: 1) Frau Hagadir sieht Familienfotos an, dann erhält sie einen Brief. 2) Frau H. macht sich fein, sie steckt ihre Brosche an und kauft Blumen. 3) Sie findet ihr Ziel auf dem Zonenplan nicht und bittet um Hilfe, erhält aber zu wenig. 4) Frau H. versucht, weitere Passanten anzusprechen, diese reagieren nicht. 5) Frau H. findet keinen Schaffner und verpasst ihre U-Bahn. 6) Sie fragt in einer Bäckerei nach, doch die Verkäuferin möchte ihr das Geld nicht wechseln. 7) Frau H. verlässt der Mut und sie geht traurig zurück ins Heim.*

5 *Auffällig sind z. B.: Wiederholungen: verlegen (Z. 36, Z. 80f.), wagte (Z. 51, Z. 58), Entschuldigung (Z. 35, 48); sprachliche Bilder: hell erleuchtete Abteile / dunkler Schacht (Z. 64f. / Z. 70), kalter Wind (Z. 72); Satzbau: viele kurze und einfache Sätze (z. B. Z. 1, Z. 19, Z. 80, Z. 85) ...*

6 *Mögliche Lösung:* Das Schließen der U-Bahn-Türen, das Wegfahren ohne sie und den „kalten Wind" (Z. 72) kann man auch als ein Bild für das Ausgeschlossensein von Frau Hagadir verstehen.

7 *a)* Das Urteil trifft zu (Z. 1).
b) Dass die schüchterne Frau Hagadir mit ihrem Schmuckstück angeben will, ist ganz unwahrscheinlich. Eher will sie damit ihrer Freude Ausdruck geben.
c) Frau Hagadir macht vier oder fünf Versuche, zum Ziel zu kommen. Von „schnell aufgeben" kann man da nicht sprechen.
d) Ganz unverständlich ist das Verhalten der drei nicht: Vielleicht haben sie selbst Sorgen, sind in Eile oder werden – die Verkäuferin – immer wieder um Wechselgeld gebeten.

▷ S. 58 D Einen Schreibplan aufstellen

1

Dass es sich bei „Das Asyl" um eine klassische ... –	**H***(auptteil)*
In der Kurzgeschichte „Das Asyl" von Esther Körfgen ... –	**E***(inleitung)*
Über die Gefühle der Hauptfigur ... –	**H***(auptteil)*
Ich meine, das Verhalten der Passanten ... –	**S***(chluss)*

2 *a) + b)* ***E:*** *hier sollten Titel, Autor und Jahr genannt und das Thema mit einem Satz umrissen werden.* ***H:*** *Merkmale der Kurzgeschichte hast du in Aufg. B 1, S. 56 und in Aufg. 5 und 6, S. 57 erarbeitet. Die Gefühle der Figuren hast du in Aufg. C 1 und 2 auf S. 56, Struktur und Handlungsablauf unter C 3 und 4 auf S. 57 erarbeitet.* ***S:*** *Die eigene Stellungnahme hast du in Aufg. 7, S. 56/57 erarbeitet.*

3 *Hier eine mögliche Interpretation von E. Körfgens Kurzgeschichte:*

Interpretation der Kurzgeschichte „Das Asyl" von Esther Körfgen

Einleitung
Esther Körfgens Kurzgeschichte „Das Asyl" aus dem Jahr 1988 handelt von einer Heimbewohnerin, die bei einem Versuch scheitert, Kontakt zu ihrer deutschen Umgebung zu finden.

Hauptteil
Dass es sich bei „Das Asyl" um eine klassische Kurzgeschichte handelt, kann man gleich an der ersten Zeile feststellen: Sie beginnt plötzlich und ohne Einleitung. Auch die einfache Hauptperson – die Asylantin Hagadir – und die einfache Handlung – das Scheitern am Fahrscheinautomaten – sind typische Kurzgeschichten-Merkmale. Genauso wie der offene Schluss, der verschiedene Möglichkeiten lässt.
Frau Hagadir fühlt sich einsam in ihrem Heim (Z. 7), als sie plötzlich eine Einladung erhält. Darüber freut sie sich so, dass sie sich sorgfältig anzieht und schmückt (Z. 20 ff).
Leider hat sie Probleme mit dem Fahrkartenautomaten (Z. 28 ff.). Ihre zaghaften Versuche, um Hilfe zu bitten, bleiben erfolglos: Ein Mann (Z. 34), eine junge Frau (Z. 47) und eine Verkäuferin (Z. 81) haben keine Zeit für sie. Die Bahn fährt ohne sie ab und es weht „ihr ein kalter Wind entgegen" (Z. 72). Das kann man als Bild für ihr Misslingen verstehen, Kontakt aufzunehmen.

Schluss
Das ist eine traurige Geschichte, weil man nämlich Angst haben muss, dass Frau Hagadir lange Zeit keinen neuen Versuch machen wird, ihr Heim zu verlassen. Nach meiner Meinung darf man das Verhalten des Mannes, der jungen Frau und der Verkäuferin nicht nur negativ sehen: Sie haben ihre eigenen Sorgen.
Die Kurzgeschichte zeigt keine Lösung. Aber die Lesenden werden sich fragen: Wie hätte ich mich wohl verhalten?
Das ist ein gutes Ergebnis, wenn eine Geschichte dazu anregt, über das eigene Verhalten nachzudenken.

▹ S. 58
E Den eigenen Text überarbeiten

1 Punkteraster zur Selbsteinschätzung

	Anforderung: Du ...	Punkte (max.)	deine Punkte
Einleitung	*... formulierst einen vollständigen Einleitungssatz mit folgenden Elementen:* ***Gattung, Titel, Autorin, Erscheinungsjahr, Thema, Problemstellung.***	*6*	
	Zwischensumme Einleitung	*= 6*	
Hauptteil	*... untersuchst Form und Sprache der Kurzgeschichte.* *Merkmale einer Kurzgeschichte mit entsprechenden Textbelegen:* *– unvermittelter Beginn, wenige Figuren (hier: weibliche Hauptfigur), Konzentration auf einen Geschehensausschnitt, Alltagssprache, meist Erzählbericht, kurze direkte Figurenrede, offener Schluss*	*14*	
	... ***analysierst*** *und* ***deutest*** *die Geschichte unter Einbeziehung der erzählerischen und sprachlichen Gestaltungsmittel (mit Textbelegen) und berücksichtigst dabei:* *– Problemlösungsversuche von Frau Hagadir – Verhalten der von Frau Hagadir Angesprochenen* *– wechselnde Gefühlslage der Hauptfigur: von Freude über Verlegenheit bis hin zu Verzweiflung und Resignation* *– Bild des abfahrenden Zuges/Wegfahren ohne Frau Hagadir/ „kalter Wind" (Z. 72) – Bild für das Ausgeschlossensein*	*14*	
	Zwischensumme Hauptteil	*= 28*	

	Anforderung: Du ...	Punkte (max.)	deine Punkte
Schlussteil	*... nimmst Stellung zum Verhalten der von Frau Hagadir Angesprochenen Beurteilung des Verhaltens, Begründung: z.B. zum Teil Verständnis für das Verhalten der Passanten (sie haben eigene Sorgen).*	4	
	... benennst, was der offene Schluss im Leser auslöst und welche Intention die Geschichte hat. *– keine Lösung, Fragen bleiben offen: Wie wird sich Frau Hagadir in Zukunft verhalten? Wird sie weitere Unternehmungen in Angriff nehmen?* *– gutes Ergebnis: Leser werden zum Nachdenken angeregt (wie würde man reagieren?)*	4	
	Zwischensumme Schlussteil	= 8	
Darstellungsleistung	*... gliederst deinen Text flüssig und klar und formulierst die analytischen/interpretativen Ergebnisse geordnet und übersichtlich.*	4	
	... formulierst syntaktisch sicher und komplex und drückst dich präzise und differenziert aus: *– z.B. durch Konjunktionen (wie „da", „weil", „damit", „doch", „nachdem" ...);* *– z.B. durch korrekte Haupt- und Nebensätze.*	8	
	... belegst Aussagen durch korrektes Zitieren.	2	
	Zwischensumme Darstellungsleistung	= 14	
	Gesamtpunktzahl	= 56	

Zur Bewertung deiner Punktzahl ▷ siehe S. 10 in diesem Lösungsheft.

▷ S. 59 *Mascha Kaléko:* Kinder reicher Leute – Ein Gedicht analysieren

▷ S. 60 A Die Aufgabe verstehen

1 *Richtig sind die Aussagen a), c), d), e) und g).*

▷ S. 60 B Erstes Textverständnis – Stoff sammeln

1 *Mögliche Assoziationen:* Kinder reicher Leute haben es leichter im Leben, führen ein Luxusleben, sind eingebildet …

2 *Mögliche Antwort:* Die Situation armer Menschen wird bedrückend, die Kinder reicher Leute dagegen werden sehr kritisch dargestellt.

3 *Beispiel:* Kinder reicher Leute wachsen, ohne viel nachzudenken, in eine Rolle hinein, in der sie, ähnlich wie ihre Eltern, keine soziale Verantwortung wahrnehmen. Sie urteilen herablassend über das schwere Leben armer Menschen.

4 *Mögliche Inhaltszusammenfassungen:*
Strophe 2: In der zweiten Strophe wird das luxuriöse Leben der Kinder reicher Leute dargestellt.
Strophe 3: Es folgt eine Schilderung der Arroganz der reichen Kinder gegenüber den Armen.
Strophe 4: Anschließend ist die Rede vom ererbten gesellschaftlichen Status.
Strophe 5: Zum Schluss wird betont, dass Kinder reicher Leute die Probleme armer Menschen leugnen.

▷ S. 61 C Übungen

1 *a) + b)* fünf *Strophen,* vier *Verse,* abba, umarmender *Reim,* Jambus
c) Zutreffend ist die Wirkung b).

2 *a) – c) viele/~~wenige~~ Nomen, ~~viele~~/wenige Adjektive, ~~ungewöhnliche~~/alltägliche Verben, Hauptsätzen/~~Nebensätzen~~ und Satzreihen/~~Satzgefügen~~, ~~meinen~~/finden, gleichmäßiges/~~unregelmäßiges~~, ~~Stilelement~~/Enjambement, ruhig/~~unruhig~~ und ~~gefühlsbetont~~/sachlich, Unruhe/~~Gelassenheit~~*
(A) „– Nicht mal ein Auto ...? Nein, wie sie das finden!" (V. 11); „... der Armen Los / Sei zwar nicht gut. Doch werde übertrieben –." (V. 17 f.)
~~Wertschätzung~~/Abneigung
(B) „herrschaftlichen Haus" (V. 5), „Pappis Portemonnaie" (V. 12)
~~Verwechslung~~/Wiederholung, ~~Zustimmung~~/Empörung
(C) „Mit vierzehn finden sie, der Armen Los/Sei zwar nicht gut. Doch werde übertrieben –./Mit vierzehn schon! – Wenn sie noch vierzehn blieben." (V. 17–19)

▷ S. 62 **3** Die Kinder reicher Leute tauchen in dem Gedicht selbst nur im Personalpronomen „sie" auf. Wer damit gemeint ist, lässt sich durch die Überschrift erschließen. Die ausschließliche Verwendung des Pronomens erzeugt Distanz. Lyrisches Ich und Leser nehmen die Kinder reicher Leute unter die Lupe. Die stete Wiederholung des Personalpronomens zu Beginn der ersten vier Strophen macht deutlich, dass diese im Mittelpunkt stehen.

4 *a) nein: a), b) und c)*
b) ~~Vorhandensein~~/Fehlen, sachlich/~~gefühlsbetont~~

5 *a) Mögliche Unterstreichungen: Leute, Stempelngehn, Armeleuteküchen, Kneipen, Destillen, Pappi*
b) Mögliche Antwort: Das Gedicht ist in einer alltäglichen Sprache geschrieben. Die Lebenssituationen der armen wie der reichen Menschen sind fast beiläufig dargestellt. Der Inhalt erschließt sich mühelos. Die sachliche, wenig aufgeregte Sprache steht in einem scharfen Kontrast zur Ungeheuerlichkeit der Haltung, die die Kinder reicher Leute gegenüber den Armen an den Tag legen.

▷ S. 63 **6** *Zutreffend ist Aussage d).*

7 *Mögliche Lösung:* Das lyrische Ich kritisiert, dass die Kinder reicher Leute sich bereits im Alter von 14 Jahren für etwas Besseres halten und ihren Reichtum als naturgegeben hinnehmen. Es wünscht sich, dass die Kinder für immer vierzehn bleiben – wenn sie bereits in diesem Alter derart anmaßend und arrogant sind, sind ihre Ansichten im Erwachsenenalter vermutlich umso schlimmer.

▷ S. 63 D Den Schreibplan aufstellen

1 *Mögliche Einleitung:* In dem Gedicht „Kinder reicher Leute" von Mascha Kaléko aus dem Jahr 1933 geht es um die Situation von Kindern reicher Leute und um deren Haltung gegenüber anderen, vor allem armen Menschen.

2 *a) Mögliche Weiterführung:* ..., dass der Dichterin die inhaltliche Aussage wichtiger ist als die Gestaltung des Gedichts. Sie möchte in erster Linie eine Botschaft vermitteln.
▷ S. 64 *b) Beispiel:* Die zentrale Aussage des Gedichts ist politisch zu verstehen. Sie kritisiert die Arroganz und Gleichgültigkeit der Reichen gegenüber den sozial Schwachen. Diese erziehen ihre Kinder in der gleichen Haltung, deshalb werden die Verhältnisse sich vermutlich nicht verändern, sondern eher noch verschlimmern.

3 *Beispiel:* Ich persönlich teile die kritische Haltung des Sprechers gegenüber Kindern reicher Leute. Auch ich glaube, dass diese es im Leben leichter haben. Allerdings denke ich nicht, dass alle Kinder reicher Leute gleich sind. Ich habe auch Freunde aus wohlhabenden Familien, die gern etwas mit mir teilen und mir nicht das Gefühl geben, weniger wert zu sein als sie. Trotzdem ist mir auch aufgefallen, dass Kinder, die sich Markenkleidung leisten können, häufig arrogant gegenüber weniger reichen Kindern auftreten. Zudem merke ich immer wieder, dass Kinder reicher Leute gar nicht nachvollziehen können, wie schwierig die finanziellen Probleme einiger Kinder heutzutage sind – beispielsweise wenn es um neue Kleidung oder gar um die Finanzierung einer Klassenfahrt geht.

4 *So könnte eine Musterlösung der Gedichtanalyse aussehen:*

(Einleitung) In dem Gedicht „Kinder reicher Leute" von Mascha Kaléko aus dem Jahr 1933 geht es um die Situation von Kindern reicher Leute und um deren Haltung gegenüber anderen, vor allem armen Menschen.
(Hauptteil) Das Gedicht hat fünf Strophen, die über je vier Verse verfügen. Das Reimschema ist regelmäßig, es lautet in jeder Strophe abba und ist demnach ein umarmender Reim. Das Metrum ist ebenfalls regelmäßig, es handelt sich um einen Jambus. Die formale Gestaltung wirkt auf den ersten Blick sehr ruhig.
Die erste Strophe beschreibt das Leben der Armen, von dem reiche Kinder nichts wissen. In der zweiten Strophe wird das luxuriöse Leben der Kinder reicher Leute dargestellt. Es folgt eine Schilderung der Arroganz der reichen Kinder gegenüber den Armen. Anschließend ist die Rede vom ererbten gesellschaftlichen Status. Zum Schluss wird betont, dass Kinder reicher Leute die Probleme armer Menschen leugnen.
Das Gedicht weist sehr viele Nomen auf, auffallend wenige Adjektive und vorwiegend alltägliche Verben. Es besteht nahezu ausschließlich aus Hauptsätzen und Satzreihen. Ausnahmen von dieser Satzstruktur finden sich nur dort, wo die Äußerungen der Kinder reicher Leute indirekt wiedergegeben werden: „– Nicht mal ein Auto ...? Nein, wie sie das finden!" (V. 11); „... der Armen Los / Sei zwar nicht gut. Doch werde übertrieben –." (V. 17 f.) Das Verb, mit dem diese angezeigt werden, ist schlicht „finden" (V. 11, 17). Markiert man alle Verben farbig, so zeigt sich für die ersten drei Strophen ein gleichmäßiges Bild, erst ab der dritten Strophe kommt ein wenig und in der letzten Strophe viel Bewegung hinein, in der fünften Strophe gibt es sogar ein Enjambement. Insgesamt wirkt die sprachliche Gestaltung sehr ruhig und sachlich. In der letzten Strophe wird sprachlich Unruhe spürbar.
In Vers 5 und Vers 12 finden sich lautmalerische Wiederholungen von Buchstaben: „herrschaftlichen Haus" (V. 5), „Pappis Portemonnaie" (V. 12). Liest man diese Verse laut, so hört man hier die Abneigung heraus, die das lyrische Ich der Lebenshaltung der Reichen entgegenbringt. Eine weitere sehr deutliche Wiederholung ist die der Zahl Vierzehn in der letzten Strophe: (C) „Mit vierzehn finden sie, der Armen Los / Sei zwar nicht gut. Doch werde übertrieben –. / Mit vierzehn schon! – Wenn sie noch vierzehn blieben." (V. 17–19) Vierzehn Jahre alt sind die Jugendlichen, die sich hier auf Grund ihrer familiären Herkunft über die Lebenssituation der Armen erheben. In diesem Alter zeigen Heranwachsende für gewöhnlich großes Mitgefühl für andere Menschen, das erst im Erwachsenenalter nachlässt. Wenn die Kinder reicher Leute dies bereits mit vierzehn Jahren vermissen lassen, dann werden sie als Erwachsene vermutlich umso herzloser handeln. Die Wiederholung spricht also für eine gewisse Empörung des lyrischen Ichs.
Die Kinder reicher Leute tauchen in dem Gedicht selbst nur im Personalpronomen „sie" auf. Wer damit gemeint ist, lässt sich durch die Überschrift erschließen. Die ausschließliche Verwendung des Pronomens erzeugt Distanz. Lyrisches Ich und Leser betrachten die Kinder reicher Leute wie eine Art Versuchsobjekt. Die stete Wiederholung des Personalpronomens zu Beginn der ersten vier Strophen macht deutlich, dass diese hartnäckig in den Mittelpunkt der Aufmerksamkeit gerückt bleiben.
Es finden sich keine sprachlichen Bilder im Gedicht, was seine sachliche Gestaltung weiter unterstreicht. Das Gedicht ist zudem in einer alltäglichen Sprache geschrieben. Die Lebenssituationen der armen wie der reichen Menschen sind fast beiläufig dargestellt. Der Inhalt erschließt sich mühelos. Die sachliche, wenig aufgeregte Sprache steht in einem scharfen Kontrast zur Ungeheuerlichkeit der Haltung, die die Kinder reicher Leute gegenüber den Armen an den Tag legen.
Sowohl die formale als auch die sprachliche Gestaltung wirken ausgesprochen sachlich und einfach. Die Autorin verwendet zudem eine leicht verständliche Sprache ohne viele Bilder. Infolgedessen tritt der Inhalt des Gedichts in den Vordergrund. Dies spricht dafür, dass der Dichterin die inhaltliche Aussage wichtiger ist als die Gestaltung des Gedichts. Sie möchte in erster Linie eine Botschaft vermitteln. Abschließend lässt sich feststellen, dass die Darstellungsabsicht, also die Botschaft von Mascha Kaléko, politisch zu verstehen ist. Sie kritisiert die Arroganz und Gleichgültigkeit der Reichen gegenüber den sozial Schwachen. Diese erziehen ihre Kinder in der gleichen Haltung, deshalb werden die Verhältnisse sich vermutlich nicht verändern, sondern eher noch verschlimmern.
(Schluss) Ich persönlich teile die kritische Haltung des Sprechers gegenüber Kindern reicher Leute. Auch ich glaube, dass diese es im Leben leichter haben. Mir ist z. B. aufgefallen, dass Kinder, die sich Markenkleidung leisten können, häufig arrogant gegenüber weniger reichen Kindern auftreten. Zudem merke ich immer wieder, dass Kinder reicher Leute gar nicht nachvollziehen können, wie schwierig die finanziellen Probleme einiger Kinder heutzutage sind – beispielsweise wenn es um neue Kleidung oder gar um die Finanzierung einer Klassenfahrt geht. Allerdings denke ich nicht, dass alle Kinder reicher Leute gleich sind. Ich habe auch Freunde aus wohlhabenden Familien, die gern etwas mit mir teilen und mir nicht das Gefühl geben, weniger wert zu sein als sie.

▹ S. 64

E Den eigenen Text überarbeiten

1 Punkteraster zur Selbsteinschätzung

	Anforderung: Du ...	Punkte (max.)	deine Punkte
Einleitung	*... formulierst einen vollständigen* ***Einleitungssatz****, der folgende Elemente enthält: Textsorte, Autor/in, Titel, Erscheinungsjahr, Thema (z. B. Haltung der Kinder Reicher Leute gegenüber Armen).*	*4*	
	Zwischensumme Einleitung	***= 4***	
Hauptteil	*... gibst den Inhalt strophenweise knapp wieder und gehst dabei auf die Darstellung der Kinder reicher Leute ein.*	*5*	
	... beschreibst die ***Form****:* *– fünf Strophen mit je vier Versen,* *– umarmender Reim,* *– Jambus.*	*6 (je 2)*	
	... stellst einen ***Zusammenhang zwischen Form und Inhalt*** *her:* *– sachlich, gleichmäßig,* *– bewegter in der letzen Strophe.*	*3*	
	... nennst ***sprachliche Gestaltungsmittel*** *und beschreibst deren* ***Wirkung****:* *– Wortverwendung,* *– Satzbau,* *– Enjambement,* *– Wiederholungen,* *– Alltagssprache,* *– keine Bilder.*	*12 (je 2)*	
	Zwischensumme Hauptteil	***= 26***	
Schlussteil	*... fasst die Ergebnisse strukturiert zusammen.*	*6*	
	... beurteilst, inwiefern du die ***Sicht*** *auf Kinder reicher Leute* ***teilen*** *kannst:* *– eigene Stellungnahme,* *– Begründung.*	*6*	
	Zwischensumme Schlussteil	***= 12***	
Darstellungsleistung	*... gliederst deinen Text flüssig und klar und formulierst die analytischen Ergebnisse geordnet und übersichtlich:* *– z. B. durch eine strukturierte Bearbeitung der Teilaufgaben,* *– z. B. durch Verwendung korrekter Fachbegriffe.*	*4*	
	... formulierst grammatisch sicher und abwechslungsreich: *– z. B. korrekte Haupt- und Nebensätze,* *– z. B. mit Hilfe angemessener Fachbegriffe.*	*6*	
	... belegst Aussagen durch angemessenes und korrektes Zitieren.	*4*	
	Zwischensumme Darstellungsleistung	***= 14***	
	Gesamtpunktzahl	***= 56***	

Zur Bewertung deiner Punktzahl ▹ siehe S. 10 in diesem Lösungsheft.

▹S. 65
Macht Fernsehen wirklich „dick, dumm, krank und traurig"? – Einen …

▹S. 66
A Die Aufgabe verstehen

1 *Operatoren und Schlüsselbegriffe:*
***Analysiere** den Text … Gehe … folgendermaßen vor: – **Beschreibe**, wie die Argumentation aufgebaut ist. – **Erläutere**, wie der Verfasser seine Aussagen mit Argumenten stützt. – **Untersuche**, durch welche sprachlichen Mittel er seine Leserschaft in die Argumentation einbezieht. **Nimm** abschließend kurz dazu **Stellung**, inwiefern du die Position Aufenangers teilst. Beziehe dabei eigene Erfahrungen mit ein.*

2 *Richtig sind die Aussagen a), c), d) und f).*

▹S. 67
B Erstes Textverständnis

2 *Richtig sind die Aussagen a), b), c), d) und g).*

3 *Zusammen gehören: Absatz 3 (Z. 14–28) – Überschrift a; Absatz 5 (Z. 35–47) – Überschrift b; Absatz 7 (Z. 57–59) – Überschrift c; Absatz 1 (Z. 1–8) – Überschrift d; Absatz 4 (Z. 29–34) – Überschrift e; Absatz 2 (Z. 9–13) – Überschrift f; Absatz 6 (Z. 48–56) – Überschrift g*

4 *Eine sinnvolle Reihenfolge ist folgende:*
***Einleitung/Ausgangspunkt** → Bezug zur aktuellen Veröffentlichung von Pfeiffer und Spitzer; Zusammenfassende Darstellung der Position von Pfeiffer und Spitzer → **Hauptteil (PRO-/KONTRA-Argumente)** → Vermittlung von Wissen und vorbildlichem Verhalten durch das Fernsehen; Emotionale Bedeutung des Fernsehens; Fernsehkonsum und seine Folgen im internationalen Vergleich → **Schlussfolgerung/Fazit** → Rolle der Eltern bei der Medienerziehung; Ausblick und weitergehende Fragestellung*

▹S. 68 **5** *a)* Die Eltern müssen den Fernsehkonsum ihrer Kinder erzieherisch begleiten.
b) Es reicht nicht, nur den Fernseher aus dem Kinderzimmer zu verbannen und sich so ein ruhiges Gewissen zu verschaffen.

▹S. 68
C Übungen

1 *Richtig sind die Aussagen a), d), e) und f).*

2 *Richtig ist die Aussage d).*

3 Sowohl **Sprachebene** als auch **inhaltliche Schwerpunkte** passen zu der Zielgruppe.

▹S. 69 **4** *a)* Pfeiffer sagt, dass „übermäßiger Fernsehkonsum dick, dumm, krank und traurig'" (Z. 2–3) macht.
Art der These: Behauptung
b) Mögliche Lösung: Kinder und Jugendliche müssen vor schlechten Medien geschützt werden (vgl. Z. 12/13). Die Schlüsselwörter sind: „gute Medien" (Z. 11) und „schlechte Medien" (Z. 12).
Art der These: Werturteil

5 *1. Grund:* Pfeiffer ist Direktor des KFN. Als Kriminologe verfügt er über einen wissenschaftlichen Blick auf die Dinge; seine Fachautorität kann nicht angezweifelt werden.
2. Grund: Pfeiffer ist durch seine ansonsten differenzierten Äußerungen zur Jugendkriminalität bekannt, seine Meinung kann also nicht einfach so abgetan werden.
3. Grund: Pfeiffers Aussagen passen zu anderen Veröffentlichungen der letzten Zeit, z.B. zu denen von Manfred Spitzer.

6 *a)* Pfeiffer fordert, dass es in Kinderzimmern weder Fernseher noch Playstations geben sollte.
b) Art dieser These: Forderung

7

Argumente	Belege	Zeile
1 Fernsehen kann auch Wissen vermitteln.	□ *Internationale Studien* □ *Begleitstudie zur „Sesame Street"* □ *Beispiele aus dem TV-Programm*	Z. 20 ff. Z. 21 f. Z. 25–28
2 Fernsehen kann lernanregend sein.	□ *Internationale Studien* □ *Beispiel: Studie über Highschool-Absolventen* □ *Beispiele aus dem TV-Programm*	Z. 20 ff. Z. 23 f. Z. 25–28
3 Fernsehen kann soziales Verhalten fördern.	□ *Internationale Studien* □ *Begleitstudie zur „Sesame Street"* □ *Beispiele aus dem TV-Programm*	Z. 20 ff. Z. 21 f. Z. 25–28
4 Fernsehen ist auch emotional bedeutsam.	□ *Beispiele: Flucht aus dem Alltag, Identifikation mit Charakteren*	Z. 33 f.

Argumente	Belege	Zeile
5 *Übermäßiger Fernsehkonsum führt nicht unbedingt zu schlechten Schulleistungen.*	◻ *Daten der Medienforschung: 1. kein Anstieg bei TV-Konsum von Kindern seit den 90er-Jahren; 2. PISA-Studie: Kinder in Südkorea schauen mehr TV, besitzen eigene Apparate usw.*	Z. 37–40 Z. 43–47

▹S. 70 **8** *Richtig sind die Aussagen b), c) und d).*

9 *Es gehören zusammen: (1)+c), (2)+d), (3)+a), (4)+b).*

▹S. 71

D Den Schreibplan erstellen

1 *Einleitung:* Verfasser und Adressat, Titel, Quelle und Textsorte, Wiedergabe der zentralen These
Hauptteil: Intention, Darstellung des Argumentationsaufbaus, Wiedergabe der Argumente und ihrer Belege, sprachliche Auffälligkeiten
Schluss: Fazit, eigene Stellungnahme

2 *Dein Schreibplan könnte folgendermaßen aussehen:*
Einleitung:
Verfasser und Adressat: *Stefan Aufenanger – Medieninteressierte*
Titel: *„Macht Fernsehen wirklich ‚dick, dumm, krank und traurig'?"*
Quelle und Textsorte: *Stellungnahme für das WDR-Arbeitsbuch „Medienkompetenz", 2005, Essay*
Wiedergabe der zentralen These: *Pfeiffers These (TV-Konsum macht „dick, dumm …") ist nicht zutreffend.*
Hauptteil:
Darstellung des Argumentationsaufbaus
Einleitung/Ausgangspunkt: Bezug zur aktuellen Veröffentlichung von Pfeiffer und Spitzer + zusammenfassende Darstellung der Position von Pfeiffer und Spitzer
Hauptteil (PRO-/KONTRA-Argumente): Vermittlung von Wissen und vorbildlichem Verhalten durch das Fernsehen; emotionale Bedeutung des Fernsehens; Fernsehkonsum und seine Folgen im internationalen Vergleich
Schlussfolgerung/Fazit: Rolle der Eltern bei der Medienerziehung + Ausblick und weitergehende Fragestellung
Wiedergabe der Argumente und ihrer Belege: *Wissensvermittlung (Studien, Bsp. aus TV) usw. siehe Aufgabe 7 aus Teil C*
sprachliche Auffälligkeiten: *Personalpronomen („wir"); rhetorische und offene Fragen*
Intention: *Eltern müssen Fernsehkonsum erzieherisch begleiten, nur den Fernseher zu verbannen reicht nicht*
Schluss:
Fazit: *Ausweitung auf Videokonsolen und Computerspiele*
eigene Stellungnahme: *die Argumentation Aufenangers ist überzeugend / nicht überzeugend mit Begründung und eigenen Beispielen*

3 *Verfasser:* A, B, C; *Adressat:* B, C; *Titel:* B; *Quelle:* C; *Textsorte:* A, B; *zentrale These:* A, B, C

4 *So könnte deine Einleitung zum Beispiel aussehen:*

In dem Essay „Macht Fernsehen wirklich ‚dick, dumm, krank und traurig'?", erschienen 2005 im WDR-Arbeitsbuch „Medienkompetenz", stellt Stefan Aufenanger die in der Überschrift zitierte These Pfeiffers in Frage und fordert einen bewussten, durch die Eltern begleiteten Medienkonsum Jugendlicher. Der Text richtet sich an Medieninteressierte, wie z. B. Psychologen, Bildungsforscher und auch Eltern.

▹S. 72 **5** *a) Vergleiche für den gelungenen Schlussteil Lösung für Aufgabe 6, S. 72 (im Lösungsteil S. 28).*
b) Folgende Stichworte könnten in deinem Cluster vorkommen: PISA-Studie/Südkorea (vgl. Text); TV vermittelt Wissen (eigenes Beispiel: Löwenzahn); TV fördert soziales Verhalten (Text; eigenes Beispiel: gemeinsames Fernsehen mit Freunden); emotionale Bedeutung des TV (andere Welten); schlimmer als TV: LAN-Partys!

6 *So könnte deine Lösung für Hauptteil und Schluss aussehen:*

(Hauptteil) Der argumentative Aufbau des Textes lässt sich folgendermaßen beschreiben: Einleitend stellt Aufenanger die oben genannte These Pfeiffers vor. Er unterstreicht seine Bedeutsamkeit bei der Diskussion über Fernsehkonsum von Kindern und Jugendlichen, indem er Pfeiffers Qualifikation auf diesem Gebiet – er ist Direktor des KFN und Verfasser vieler differenzierter Stellungnahmen – hervorhebt und seine Aussage in den Kontext anderer Veröffentlichungen, z.B. von Manfred Spitzer, einordnet (vgl. Z. 3–8). Aufenanger ist der Meinung, dass die Positionen Pfeiffers und Spitzers die gängige Meinung bestätigten, Kinder und Jugendliche müssten vor schlechten Medien (wie zum Beispiel dem Fernsehen) geschützt werden (vgl. Z. 9–13). Pfeiffers Forderung, „den Fernsehapparat und die Playstation aus dem Kinderzimmer zu verbannen" (Z. 18–19), stellt Aufenanger in Frage. Der Autor legt anschließend dar, dass Fernsehen sowohl Wissen vermitteln als auch zum Lernen anregen und sogar soziales Verhalten fördern könne. Gleichfalls sei das Fernsehen emotional bedeutsam (vgl. Z. 19–34). Der auch von Spitzer vertretenen Annahme, die Fernsehnutzung von Kindern in Deutschland steige an, stimmt Aufenanger nicht zu und führt Daten der Medienforschung und Ergebnisse internationaler Vergleiche an (vgl. Z. 35–47). Er kommt zu dem Schluss, dass es nicht reiche, Fernseher und Videospielkonsolen aus dem Kinderzimmer zu entfernen. Eltern sollten stattdessen „den Fernsehkonsum ihrer Kinder sinnvoll begleiten" (Z. 53–54). Abschließend fordert der Autor, die laufende Diskussion über den Medienkonsum von Kindern und Jugendlichen auf Medien wie Videospielkonsolen und Computerspiele zu erweitern (Z. 57–59).
Sein Argument, **Fernsehen vermittle Wissen** und **sei lernanregend**, belegt Aufenanger mit den Ergebnissen internationaler Studien, zum Beispiel mit der Begleitstudie zur „Sesame Street" (Z. 21–23) und einer Studie über Highschool-Absolventen (Z. 23–25). Aufenanger nennt außerdem weitere Beispiele aus dem TV-Programm, wie z.B. „Lach- und Sachgeschichten" mit „Der Maus" oder „Löwenzahn", die dieses Argument stützen sollen (Z. 25–28). Der Autor führt weiterhin das Argument an, **Fernsehen fördere soziales Verhalten**. Als Belege dienen ebenfalls die Ergebnisse internationaler Studien, wie z.B. die Begleitstudie zur „Sesame Street" (Z. 21–23), und Beispiele aus dem TV-Programm (Z. 25–28). Aufenanger argumentiert außerdem damit, **Fernsehen sei auch emotional bedeutsam**, indem es uns die Möglichkeit bietet, aus dem Alltag zu fliehen und uns mit den Charakteren aus dem TV-Programm zu identifizieren (Z. 32–34). Mit Daten aus der Medienforschung – es gebe keinen Anstieg beim TV-Konsum von Kindern in Deutschland seit den 90er-Jahren und Kinder aus Südkorea hätten trotz höheren Medienkonsums einen vorderen Platz bei der PISA-Studie erreicht (Z. 37–47) – belegt Aufenanger sein Argument, **gesteigerter Fernsehkonsum müsse nicht unbedingt zu schlechten Schulnoten führen**.
Aufenanger bezieht seine Leserschaft in die Argumentation mit ein, indem er häufig das Personalpronomen in der 1. Person Plural verwendet: „wir". Der dritte Absatz beginnt mit der Aufforderung „Nehmen wir aber einmal an" (Z. 14) und es geht weiter mit „Zum einen wissen wir" (Z. 19), „Wir können in andere Welten fliehen" (Z. 33) und „wenn wir unseren Blick auf Südkorea richten" (Z. 43). Auch Possessivpronomen verwendet Aufenanger in seinem Text in der 1. Person Plural: „unsere Kinder" (Z. 25) und „unseren Blick" (Z. 43). Durch die Verwendung der Personal- und Possessivpronomen in der 1. Person Plural scheinen die Überlegungen des Verfassers mit denen der Leserin oder des Lesers übereinzustimmen. Es entsteht eine Art „Wir-Gefühl", was bewirkt, dass die Leserin oder der Leser der Meinung Aufenangers eher zustimmt. Auch der rhetorischen Frage im 3. Absatz, „Und lernen unsere Kinder nicht viel, wenn sie die ‚Lach- und Sachgeschichten' mit ‚Der Maus' verfolgen [...]?" (Z. 25–28), stimmt die Leserin oder der Leser unterbewusst zu, da sie wie eine umgestellte Behauptung wirkt. Die offene Frage am Ende des Textes „Was bleibt also?" (Z. 57) bewirkt, dass sich die Leserin oder der Leser durch die Frage weniger eingeengt fühlt und scheinbar genügend Spielraum für eine mögliche Antwort hat. Der Autor möchte mit diesen sprachlichen Mitteln seine Leserinnen und Leser von seiner Position überzeugen.
(Schluss) Zusammenfassend lässt sich feststellen, dass Stefan Aufenanger zwei Forderungen aufstellt: zum einen die Einbeziehung der Eltern in den Fernsehkonsum von Kindern und Jugendlichen, zum anderen die Ausweitung der laufenden Diskussion über den Medienkonsum von Kindern und Jugendlichen auf Medien wie Videospielkonsolen und Computerspiele.
Ich schließe mich Aufenangers Meinung an, dass Eltern den Medienkonsum von Kindern und Jugendlichen sinnvoll begleiten sollten. Es bringt meiner Meinung nach nichts, den „Fernseher" aus den Kinderzimmern zu verbannen, da Kinder auch bei Freunden, Verwandten etc. – unter Umständen sogar heimlich – Fernsehen können. Ich denke auch, dass das Fernsehen durchaus seine positiven Seiten haben kann, es vermittelt zum Beispiel Wissen. Ich selbst habe viel über alltägliche Phänomene durch die „Lach- und Sachgeschichten" mit „Der Maus" gelernt. Außerdem kann das Fernsehen sogar das soziale Verhalten fördern, wenn man gemeinsam mit Freunden die Lieblingsserie guckt oder sich am nächsten Tag in der Schule darüber unterhält. Ich bin der Ansicht, dass es sinnvoll ist, vor allem Kindern das Gucken bestimmter Sendungen zu erlauben. Meine Mutter hat für meinen kleinen Bruder zum Beispiel einen „Fernsehplan" aufgestellt, der aufführt, welche Sendungen er gucken darf und wie lange. Daran hält sich mein Bruder.
Ich stimme Aufenanger außerdem in dem Punkt zu, dass auch Video- und Computerspiele in die Diskussion des Medienkonsums von Kindern und Jugendlichen einbezogen werden sollten, da es in immer mehr Kinderzimmern auch Videospielkonsolen und Computer gibt. Zwar haben Video- und Computerspiele auch positive Seiten (zum Beispiel gemeinsames Spielen mit Freunden, Austauschen von Spielen etc.). Dennoch denke ich, dass mehr und mehr Kinder viel Zeit mit den neuesten Spielen verbringen und dass daher eine genauere Betrachtung des Konsums dieser Medien sinnvoll ist. Auch hier sollten Eltern genau im Blick haben, welche Spiele ihre Kinder spielen und vor allem, wie viel Zeit das in Anspruch nimmt.

▷ S. 72 E Den eigenen Text überarbeiten

1 *Tipp: Wenn du auf der Checkliste an einigen Stellen ⊖ angekreuzt hast, solltest du deinen Text mit Hilfe der Musterlösung (im Lösungsteil S. 28) verbessern.*

▷ S. 73 Die Sprache der Schulhöfe – Zu Medientexten Stellung nehmen

▷ S. 75 A Die Aufgabe verstehen

1 *Richtig ist d).*

▷ S. 75 B Erstes Textverständnis – Stoff sammeln

1 *a) + b)*

Mögliches Cluster zu M1
- ☐ Muttersprache schützt
- ☐ Verbote hemmen Lernen
- ☐ Mehrsprachigkeit = Ressource von Migranten
- ☐ *eigene Ideen: …*

Mögliches Cluster zu M2
- ☐ Schule soll Sprache festigen
- ☐ Migrantenkinder sprechen zu selten Deutsch
- ☐ Deutsch = Chance auf Teilhabe
- ☐ *eigene Ideen: …*

2 *Mögliche Zwischenüberschriften zu M1:*

Mögliches Cluster zu M1
- ☐ Schützende Muttersprache (Z. 1–8)
- ☐ „Deutschpflicht" abstrus (Z. 9–15)
- ☐ Mehrsprachigkeit fördern (Z. 16–31)

Mögliche Zwischenüberschriften zu M2:
- ☐ Selbstverpflichtung zum Deutschlernen (Z. 1–15)
- ☐ Deutschkenntnisse und Chancen im Leben (Z. 16–27)
- ☐ Zustimmung bei den Betroffenen (Z. 28–31)

▷ S. 76 C Übungen

1 *Mögliche Lösung:* … dass die Muttersprache Kinder aus Einwandererfamilien schützt, in ihrer Entwicklung fördert und deshalb nicht verboten werden sollte.
Sie empfiehlt vielmehr, beide Sprachen zu fördern: die Muttersprache und Deutsch.

2 *a)* gute deutsche Sprachkenntnisse (Überschrift)
b) die Deutschkenntnisse (Z. 25 f.)
c) die Selbstverpflichtung zum Deutschsprechen (Z. 8)

3 *a) Folgende Aussagen passen: 1b), 2a) und 3c).*
b) Formulierung d) wird gestrichen.

▷ S. 77 **4** keine – Mehrsprachigkeit – (Z. 30) – …verpflichtung zum Deutschsprechen (Z. 8)

5 *Die folgenden Vorschläge, wer womit Recht hat, sind nicht unumstößlich. Es lassen sich unter Umständen Gründe dafür oder dagegen anführen.*
Hier hat Recht … Lale Akgün: – Das Verbot der Muttersprache verunsichert Einwandererkinder; – Zwei-/Mehrsprachigkeit muss gefördert werden; *… Maria Böhmer:* – Gute Deutschkenntnisse nützen bei der Integration, in Ausbildung, Beruf und Alltag; – Spracherwerb findet nicht nur im Unterricht statt.

6 *a) Gedanken könnten z. B. sein:* Dann gäbe es keine „Geheimsprache" mehr auf den Schulhof – das wäre ziemlich anstrengend – das würde sowieso nicht lange durchgehalten – …
b) Tipp: Manche Ideen fallen in zwei Kategorien: das würde sowieso nicht lange durchgehalten *ist sowohl eine Behauptung als auch ein KONTRA-Argument.*

D Einen Schreibplan aufstellen

1 *Vergleiche hierzu den ersten Satz in der Musterlösung zu Aufgabe D 2, S. 78.*

2 *Hier eine Möglichkeit, die Klassenarbeits-Aufgabe von S. 73 zu beantworten:*

Soll auf dem Schulhof nur Deutsch gesprochen werden?

Auf unserem Schulhof hört man nicht nur Deutsch. Das ist bei fünf verschiedenen Nationalitäten aber auch kein Wunder. Sollte man das verbieten?

Lale Akgün sagt in ihrem Artikel „Im Schutz der Muttersprache" (M1) Nein: Damit würden Einwandererkinder verunsichert und gehemmt. Nicht Verbot der Muttersprache, sondern Förderung von Muttersprache und Deutsch!
Maria Böhmer (M2) schreibt, dass gutes Deutsch auch gut für Ausbildung, Beruf und Alltagsleben sei. Deshalb sollte man es so oft wie möglich sprechen, nicht nur im Unterricht, sondern auch in den Pausen.

Wer hat Recht? Ich finde, dass beide Recht haben.
Deshalb sollte man Deutsch auf dem Schulhof nicht **be**fehlen, sondern **emp**fehlen: Je öfter du Deutsch sprichst, desto besser sprichst du es!
Dagegen kann niemand etwas einwenden.
Ein Verbot reizt eher zum Widerspruch. Und außerdem: Wer soll das kontrollieren? Und welche Strafen sollen eigentlich verteilt werden?
Ich halte eine begründete Empfehlung für wirkungsvoller als ein Verbot. Auch M. Böhmer will übrigens kein Verbot, sondern eine „Selbstverpflichtung zum Deutschsprechen" (Z. 8).

▹S. 79 *Zacharias Zacharakis:* Second Life – Testaufgaben trainieren

▹S. 80 Multiple-Choice-Aufgaben

1 *d)* **2** *b)* **3** *c)*

▹S. 81 **4** *a)*

▹S. 81 Richtig-Falsch-Aufgaben

1 *Folgende Aussagen treffen zu: b), c), d) und g).*

2 *Folgende Aussagen stimmen mit dem Text überein: b), d) und e).*

▹S. 82 **3** *Folgende Aussagen sind richtig: b), d) und e).*

4 *Folgende Aussagen sind richtig: a), b), d), f) und g).*

▹S. 82 Zuordnungsaufgaben

1 *a) = 5; b) = 4; c) = 1; d) = 3; e) = 2*

▹S. 83 **2** *a) = 3); b) = 4); c) = 1); d) = 5); e) = 2)*

3 *a) = 3); b) = 1), c) = 2); d) = 4)*

4 *a) = 2); b) = 4); c) = 5); d) = 1); e) = 3)*

▹S. 83 Einsetzaufgaben

1 *Reihenfolge der Wörter:* Titel, Stern, „Second Life", Autor, Bewohner, Ich, Wirtschaftsunternehmen, Chancen, Politiker

▹S. 84 **2** *Reihenfolge der Wörter:* internationale, virtuellen, reale, benutzerfreundlichen, erfolgreiches, geometrischer, futuristische/fantastische, fantastische/futuristische

3 *Reihenfolge der Wörter:* „Second Life", Gefahren, Ich, Kleidung, Zuhause, Linden-Dollar, Geld, Avatare, Selbstbewusstsein, Realität, Chat, Zeit

▷ S. 84
Kurzantworten

▷ S. 85 **1** *a)* Mit „Schönmensch" ist ein tadellos hergerichteter, gestylter Mensch ohne körperliche Makel gemeint.
b) Mit „Replikat" ist die Nachbildung eines Originals (hier: Abgeordnete im US-Kongress) gemeint.

2 *Erklärung:* Mit dem Zitat ist gemeint, dass Nutzer Gefahr laufen, immer öfter und länger „Second Life" zu besuchen und sich eine Art Abhängigkeit einstellen kann.
Gründe: Man kann sich viele Wünsche erfüllen, die in der realen Welt nicht erfüllbar sind (Z. 1), man kann Geld verdienen (ab Z. 20), man kann sich perfekt darstellen (Z. 30–32).

3 *Stichpunkte für deine Stellungnahme könnten sein:*
PRO-Argumente: Suchtgefahr (Text Z. 34); Zusammentreffen mit „weniger netten Zeitgenossen" (Schlagzeile v. wdr.de); Pornografie und sexuelle Belästigungen (Schlagzeile v. einslive.de)
KONTRA-Argumente: Schutz der Minderjährigen ist gegeben (Schlagzeile v. chip.de); Spielen fördert Kreativität (Text 22–24); Selbstbewusstsein stärken (Text Z. 32)

4 *Hier gibt es keine eindeutige Lösung. Wichtig ist, dass du deine Entscheidung begründest, zum Beispiel so:*
A *Beschreibung:* Ein weiblicher Avatar ist im Vordergrund zu sehen, im Hintergrund tanzen Avatare in einer Disko.
Begründung: Ich finde, dass das Bild gut die Textaussagen verbildlicht, denn es stellt dar, wie man in „Second Life" seine Freizeit gestalten kann.
Textbezug: „Nach Feierabend treffen sich die Avatare in Klubs und Diskotheken." (Z. 29)
B *Beschreibung:* Jemand taucht in seinen Computerbildschirm hinein, der Oberkörper ist schon verschwunden und es sind nur noch die Beine zu sehen.
Begründung: Das Bild passt gut zu den Textaussagen, da es zeigt, wie die virtuelle Welt die Person einzusaugen scheint.
Textbezug: „akute Suchtgefahr" (Z. 34)
C *Beschreibung:* In der Mitte des Bildes ist jemand zu sehen, der sich vorstellt, wie er sich als Avatar schaffen könnte. Dabei kann er seiner Fantasie freien Lauf lassen.
Begründung: Das Bild eignet sich zum Illustrieren des Textes, denn es stellt dar, wie viele Möglichkeiten man bei der Schaffung seines zweiten Ichs in „Second Life" hat.
Textbezug: „Die Bewohner von ‚Second Life' basteln sich im Internet ein zweites Ich" (Z. 1 f.)
D *Beschreibung:* Auf dem Foto ist eine Frau zu sehen, die sich vor eine Hälfte ihres Gesichtes ein Bild hält, das die Hälfte eines Gesichtes eines Avatars zeigt.
Begründung: Das Bild passt zu den Textaussagen, denn es stellt dar, dass man sich in der Cyber-Welt ein ‚zweites Gesicht', d. h. ein neues Image schaffen kann.
Textbezug: „[…] kann mit dem Aufbau des neuen Images in der Parallelwelt begonnen werden." (Z. 11 f.)

▷ S. 86 **5** *Auch hier kommt es auf die Begründung deiner Entscheidung an, z. B.:*
Beschreibung: Ich würde mich als ein Avatar mit blonden Haaren, sportlicher Figur und einigen Tattoos erschaffen. Ich hätte einen Laden, in dem ich extravagante Surfbretter verkaufen würde, und in meiner Freizeit würde ich surfen gehen.
Begründung: Ich würde mich so erschaffen und ein solches Leben führen, weil dies mein Traum für meine (reale) Zukunft ist.

▷ S. 87 **6** *Hier kommt es darauf an, die Argumentationskette logisch aufzubauen. Das Gerüst für deine Stellungnahme könnte so aussehen:*

Text 1:
These 1: Der Autor hat eine positive Meinung über „Second Life", das ist sehr einseitig.
Argument 1: Er schildert fast nur positive Aspekte der zweiten Welt.
Beispiel 1: Es wird eine Frau erwähnt, die reales Geld in „Second Life" verdient. Das ist aber eher eine Ausnahme.
These 2: „Second Life" ist mit Gefahren verbunden.
Argument 2: Man kann schnell reingelegt werden, vor allem, wenn man neu ist.
Beispiel 2: Es kann z.B. passieren, dass man in der zweiten Welt etwas kauft, was viel zu teuer ist.
These 3: Das reale Leben kann nicht nachgemacht oder gar ersetzt werden.
Argument 3: Im realen Leben muss man sich und andere so akzeptieren, wie man ist.
Beispiel 3: In „Second Life" sind alle perfekt, das ist im realen Leben nicht so.

Text 2:
These 1: Die Teilnahme an „Second Life" ist keine Realitätsflucht.
Argument 1: Die Teilnehmer sind sich bewusst, dass es ein Spiel ist, und spielen Rollen.
Beispiel 1: Im realen Leben verkleiden sich Menschen auch und spielen dann eine andere Rolle.
These 2: „Second Life" bietet eine neue Form der Kommunikation.
Argument 2: Man kann mit anderen chatten und die virtuelle Variante des Chatpartners sehen.
Beispiel 2: In anderen Chatforen kann man die Aussagen des Chatpartners nur hören bzw. lesen.
These 3: Man kann sein Leben in „Second Life" nicht neu beginnen.
Argument 3: Jeder Teilnehmer weiß, dass dies eine virtuelle Welt mit virtuellen Figuren ist.
Beispiel 3: Jeder weiß z.B., dass sich viele perfekter als in der Wirklichkeit darstellen.

Punkteraster zur Selbsteinschätzung

Nr.	Aufgabenstellung / Lösung	max. Punkte	deine Punkte
	1. Multiple-Choice-Aufgaben (ab S. 80)		
1	*0,5 Pkte. für das richtige Kreuz.*	*0,5*	
2	*0,5 Pkte. für das richtige Kreuz.*	*0,5*	
3	*0,5 Pkte. für das richtige Kreuz.*	*0,5*	
4	*0,5 Pkte. für das richtige Kreuz.*	*0,5*	
		= 2	
	2. Richtig-Falsch-Aufgaben (ab S. 81)		
1	*0,5 Pkte. für jedes richtige Kreuz.*	*3,5*	
2	*0,5 Pkte. für jedes richtige Kreuz.*	*3,5*	
3	*0,5 Pkte. für jedes richtige Kreuz.*	*3,5*	
4	*0,5 Pkte. für jedes richtige Kreuz.*	*3,5*	
		= 14	
	3. Zuordnungsaufgaben (ab S. 82)		
1	*0,5 Pkte. für jede richtige Verbindung.*	*2,5*	
2	*0,5 Pkte. für jede richtige Verbindung.*	*2,5*	
3	*0,5 Pkte. für jede richtige Verbindung.*	*2*	
4	*0,5 Pkte. für jede richtige Verbindung.*	*2,5*	
		= 9,5	
	4. Einsetzaufgaben (ab S. 83)		
1	*0,5 Pkte. für jede richtige Einsetzung.*	*4,5*	
2	*0,5 Pkte. für jede richtige Einsetzung.*	*4*	
3	*0,5 Pkte. für jede richtige Einsetzung.*	*6*	
		= 14,5	
	5. Kurzantworten (ab S. 84)		
1a)	*1 Punkt für die richtige Worterklärung.*	*1*	
1b)	*1 Punkt für die richtige Worterklärung.*	*1*	
2	*1 Punkt für die Wiedergabe, 1 Punkt pro genannten Grund.*	*4*	
3	*1 Punkt für jedes genannte Argument, 1 Punkt für jeden Beleg.*	*6*	
4	*1 Punkt für die Beschreibung, 1 Punkt für die Begründung, 1 Punkt für den Textbezug.*	*3*	
	2 Punkte für die Beschreibung des Aussehens und des Lebens, 1 Punkt für die Begründung.	*3*	
	1 Punkt für jede These, 1 Punkt für jedes Argument, 1 Punkt für jeden Beleg.	*9*	
		= 27	
	Gesamtpunktzahl:	*= 67*	

67–49 Punkte (73–100%): *Du liegst im guten bis sehr guten Bereich. Schau dir trotzdem noch einmal genau die Stellen an, an denen du dich noch verbessern kannst.*
48–40 Punkte (59–72%): *Deine Leistungen sind durchschnittlich. Einiges gelingt dir schon ganz gut, manches musst du jedoch noch einmal üben. Versuche, Fehlerschwerpunkte zu entdecken und diese gezielt zu beheben.*
39–30 Punkte (45–58%): *Deine Leistungen sind ausreichend. Überarbeite deine Arbeit noch einmal. Versuche, Fehlerschwerpunkte zu entdecken und diese gezielt zu beheben.*
29–0 Punkte (0–44%): *Du hast in vielen Bereichen noch Schwierigkeiten. Sprich mit deiner Lehrerin / deinem Lehrer darüber, wie du dich verbessern kannst. Sie oder er kann dir helfen, deine Fehlerschwerpunkte zu analysieren und zu beheben.*